成为顶尖教师的

10

项修炼

[美] **罗宾·R. 杰克逊** Robyn R. Jackson 著

YOU CAN DO THIS
HOPE AND HELP FOR
NEW TEACHERS

中国青年出版社
CHINA YOUTH PRESS

图书在版编目（CIP）数据

成为顶尖教师的10项修炼/（美）杰克逊著；彭相珍译.
—北京：中国青年出版社，2015.8
书名原文：You Can Do This: Hope and Help for New Teachers
ISBN 978-7-5153-3406-6

Ⅰ.①成… Ⅱ.①杰…②彭… Ⅲ.①教师培训 Ⅳ.①G451.2

中国版本图书馆CIP数据核字（2015）第131459号

成为顶尖教师的10项修炼

作　　者	［美］罗宾·R.杰克逊
译　　者	彭相珍
责任编辑	肖妩嫔
文字编辑	吴亦煊
美术编辑	佟雪莹
出　　版	中国青年出版社
发　　行	北京中青文文化传媒有限公司
电　　话	010-65511272/65516873
公司网址	www.cyb.com.cn
购书网址	zqwts.tmall.com
印　　刷	大厂回族自治县益利印刷有限公司
版　　次	2015年8月第1版
印　　次	2023年1月第4次印刷
开　　本	787×1092　　1/16
字　　数	130千字
印　　张	15
京权图字	01-2015-0698
书　　号	ISBN 978-7-5153-3406-6
定　　价	49.90元

版权声明

致我最亲爱的父母

——你们是我最早的老师，也是我最好的老师！

目 录
Contents

前　言

　　成为一名教师并不是我最初的梦想。在我的整个童年时期，我都想要从事一些更加有个性的职业——例如成为一名肩负重任的诉讼律师或是一个光芒四射的时尚设计师，抑或是备受赞誉的记者。我渴望拥有一份充满惊险和刺激、收获名誉、收入不菲而又乐趣多多的职业，而且那时我觉得这样的理想十分远大。

　　直到我高中最后一年的春季学期，我才意识到自己原来天生就注定要成为一名教师。在这个转变中，没有晴空劈来一道闪电这样的异象，也没有戏剧化的顿悟瞬间。这个转变是在一个普通的课程研究项目中发生的。当时，一位老师给我们布置了一项作业，要求我们去调研自己未来的职业发展前景，而接到任务时，我的内心有一个莫名的声音在轻轻地说：你将要成为一名教师。

　　然后，我就调研了教师这个职业的现状和前景。但是结果却不怎么乐观。调研发现，选择教师职业，基本上就意味着选择了一份工作辛苦，薪水又少得可怜的职业。虽然研究发现，人们对教师这份职业还残存那么一点尊敬，但是其受崇敬的程度远远不及医药行业，甚至是商业等。选择教师职业，就好像是选择了与贫困和默默无闻相伴一生。当我向家人和朋友宣布自己即将选择教育作为大学的专业时，他们虽然支持了我的决定，却也有一点小失落。"你选择教育专业很好，可是你那么聪明，"一些人指出，"你完全可以选择更好的！"

不管怎样，当我开始教育专业学习时，我还是满怀真挚与热忱地学习了教学法等相关课程。我囫囵吞枣般吸纳了一切可以学习到的信息，迫不及待地想要开展实际的教学活动。此外，还有一位经验丰富的班主任老师跟我分享了教师行业所有的秘诀。我觉得自己已经完全准备好了，急切地想要拥有自己的班级。

当我最终成为了一个班级的老师后，我立刻全身心地扑到了自己的工作上来。刚刚开始的那段时间确实比较困惑和纠结，但是没过多久，我就找到了自己的方向。很多与教学相关的知识和方法派上了用场，而我也爱上了这份工作。此外，我还十分幸运地遇到了一些教学经验丰富的教师，他们跟我分享了自己的教学心得。每一年，我都在不断进步，并且做得越来越好。几年之后，学校要派我给在同一栋教学楼里上课的几位老师私下做一些指导和培训，并且与他们分享一些我个人的成功经验。随着培训的不断推进，成果不断显现，最后学校决定正式聘请我来作学校的教学指导员。当时我并不打算完全放弃一线的教学活动，因此我向学校申请只花半天的时间从事教学指导员工作，剩下半天的时间继续开展一线教学活动。在这段时间里，我每天给三个班级的学生上课，剩下的时间就帮助其他教师，帮他们学会如何让教学活动变得更加有效。

在刚开始指导其他教师时，我只会简单地与他们分享自己在课堂上屡试不爽的一些成功教学方法和策略，传授给他们一些帮扶学习困难学生的有效教学干预措施，或是告诉他们如何给学生设计评价系统。但这种指导方法的问题在于，那些对我的学生有效的做法，不一定也适用于每一位教师的课堂。我不得不放弃了这个培训方法并且开始思考，为什么这些教学策略对我来说是有效的。很快，除了分享具体的教学策略和方法之外，我开始与他们分享教学理念。直到此时，所有接受指导的教师们才真正开始意识到他们的教学实践中存在的差异与问题。例如，我仅仅告诉他们我是如何设计教学干预活动的，而且向他们展示积极教学干预背后的教学理念，即在积极教学干预的理念指导下，教师们应该尽早地施行教学干预活动，以避免学生因被放任不管而出现不可控制的学业全面溃败，然后我再向他们传授如何设计贴合学生实际的教学干预体系。令我惊喜的是，每一位领悟了我分享的这一教学理念的教师，都能够成功地进行教学干预，无论他们教的学生水平如何，无论他们教授的是什么科目。看到教师们可以掌握我分享的各项教学理念，并且将它们变成自己教学生涯中有效的教学手段，我喜出望外。当我在这些老师的课上旁听时，我还十分高兴地发现，任何老师都没有全盘复制我分享的课堂教学模式，而是灵活运用了学到的教学理念，设计出了适合自己学生和课堂的教学模式和教学风格，并且取得了极好的教学效果。虽说教学理念是相同的，但是这些领悟了我教学理念的教师，他们的课堂看起来都各具特色，并不是我课堂的简单翻版。

　　过了一段时间之后，我被招聘到了另外一所学校做管理者。从一名一线教师和教学指导员变为一所学校的管理人员，这其中的过渡比我想象的要更加艰难，因为当我依然留有教学指导员的心理和思维方式，而我的工作职责已经变成了评价其他教师的教学。一开始我并不完全理解工作职责的变动对于我的新要求和新期待，多次自我调适之后，我才适应了新职位的要求。

最终，我学会了如何为教师们提供意见和反馈，并且确保教师和教学的评价过程能够为一线教师的工作提供帮助和支持，同时有助于他们的自身发展。在这个过程中，我依然将自己反馈的重点放在了教学理念，而非教学的具体手段和方法上。因为只有这样，才便于每一位教师都采纳我的反馈意见，并且通过活学活用来满足他们各自不同的教学需求，从而与他们每个人的教学风格协调一致。

担任了几年教学管理人员之后，我获得了一次区内升职的机会。在经过深刻的自我反思之后，我拒绝了这次升职机会，然后辞职开始撰写我的第一本专著——《教学可以很简单》，来分享我教师职业生涯中的教学理念。在写作的同时，我还开始创办自己的公司——Mindsteps。基于一旦获得正确的教学支持和教学实践，每一位教师都可以成为顶尖教师的创办理念和主旨，我的公司开始帮助成千上万的教师来将这些教学理念运用到实际的教学活动中去，让教学更有成效。

这之后，我有八本专著陆续出炉，并且帮助了许多教师运用这些教学理念，实现他们期望在课堂上和学生身上实现的巨大改变。但是在这个过程中我也产生了一个困惑，很多的教师在多年的教学过程中感到十分沮丧和失败，以致于已经忘记了自己当初迈上教师岗位的激情，也忘却了自己那时的初衷。

　　我回顾了自己早些年的教学经历，当年的热诚与执著依然历历在目。从我意识到自己注定要成为一名教师的那一刻起，直到现在，我都依然坚定地相信，教师这份职业，是这个世界上最令人惊奇、最充满乐趣，最具挑战性也是最重要的工作。我也认识很多抱着同样的信念进入这个行业的可敬的老师。我很想知道，到底发生了什么，让时间慢慢地侵蚀和冲淡了这份浓烈的信念？

　　我花了很长时间思索这个问题，到现在才意识到并坚信，我们在从事教师职业最初的几年中学习和了解到的东西，让我们对教师这份令人着迷的职业产生了不切实际的期望，也对我们身为教师能够扮演的角色产生了不切实际的期望。在入行的前几年，我们就被教育要遵循、响应教学的各项规定和条条框框，也学会了要谨慎行事，采取稳妥的教学方法，而不是培养我们身为教师对教学持续的激情和师夷长技的热情；我们轻易地就因为学生的测试成绩而心烦意乱，或是因为每天在教学中都要面对的各种挑战而心灰意冷。我们很容易就忘记我们从事这份职业的初衷，也忘了我们曾立志要做出怎样的贡献。

　　我在心里筹划这本书已经好几年了。我曾尝试过要将它写出来，但却因为不知道如何表达而作罢。很多新入职的教师找到我，与我交流他们在实际教学中遇到的诸多困难和挑战，并且希望我能够给他们提供可行的建议。"我应该怎么处理这个问题？"或是"我怎样才能管理好课堂？"他们常常问我这样的问题。我看着他们充满期待和热忱的双眼，也知道他们想要的是什么。他们想要我——一名教育书籍的作者，一个主旨发言人，以及一位教育咨询专家——

来告诉他们应该做什么，来跟他们分享一些万能的智慧，让他们所面临的困难和挑战都能够轻松地迎刃而解。但我心中清楚地知道，我无法满足他们这样的期望，这也正是长久以来让我无法下笔写出本书的最根本原因。

这就是教学的本质。那些对我有效，对曾经与我共事的教师们有效的教学方法和策略，不一定对你的教学有效。我没有办法帮助你解决在实际教学中面临的问题和挑战。我并没有一个神奇的教学方程式，能够让教学变得简单，或是帮你扫除教学中的所有陷阱和困境。哪怕我确实可以这么做，我也会选择不要这么做；因为我坚定地相信，能够让你成为一名顶尖教师的唯一方式，只能是靠自己。

这就是我撰写这本书的目的和原因。因为本书的目的不在于给你提供教学建议——虽然我的确在书中分享了一些我在过往教学生涯中学到的良好建议。我撰写本书的根本目的在于帮助你找到解决自己问题的办法。我在书中与大家分享了我在教学生涯中经历的故事，并不是希望大家来复制我的成功之路，而是希望大家可以借此发现专属自己的成功教学之路。那些教学规则，无论是你学到的，还是为教育咨询专家（包括我在内）所追捧的，或是那些被教育界毫不质疑全盘接受的教学实践，可能对你来说，都不是正确的教学原则或方法。当然，你可以从我提供的经验中取经，但是我最希望的仍是，你能够学会找到自己的教学方法和风格。

对于我来说，这是帮助你顺利度过教学生涯前几年的唯一秘密武器。你需要找到自己独有的教学方法，形成自己独特的教学风格，你一定也能够成为最顶尖的教师！

致　谢

　　自我人生第一次站上讲台，近二十年的时间过去了。但是我依然清晰地记得二十年前，自己终于得到了一个属于自己的班级，并且能够开始从事我的教学事业。但是，如果没有这些经验丰富的教师同事一路的扶持与帮助，我也不可能获得今日的成就，成为一名成功的教育者；他们是——塔利亚·肖、海伦·马歇尔、玛乔里·理查德森、埃丝特·麦托克斯、佛罗拉·凯洛格、托德·尼尔森、西尔维娅·巴尼斯、伯纳德·贝宁、拉蒙娜·海曼、德里克·博威、简·杜兰、芭芭拉·巴斯以及玛丽·海伦·华盛顿。而没有那些在我早年接受教育的过程中对我悉心指导的教授，我也不可能学会成功的教学方法。他们是托德·吉拉德、艾瑞卡·胡克以及辛西娅·吉尔，感谢你们对我一直以来的庇护并教会我如何成为一个伟大的教师。

　　没有本书主编玛乔里·麦卡内尼一直以来给予我的耐心与坚持，本书也不可能得以成文出版。感谢你帮助我理顺了本书的创作思路，并且感谢你在本书撰写过程中给予的耐心与帮助。能够与您共事真是人生一大乐事。

　　在Mindsteps公司，我有幸能与诸多经验丰富、志向远大的教师同仁们共事，感谢你们持之以恒的帮助，不断改进和优化本人的教学实践和理论。感谢瓦尔达、琳达、克里斯蒂娜、贝弗利、约翰、谢丽以及乔乔的大力支持和帮助。

关于教育这份职业，我最喜欢的一点就是我能够有机会与来自世界各地的优秀教育者们合作与共事。感谢每一个人，感谢你们愿意在我们的官网和官微上给我留言评论并提供教学建议；感谢你们愿意在听完一场演讲之后留下来与我继续交谈，并提供意见和建议；感谢你们愿意通过Mindsteps的邮件系统与我进行电子邮件沟通；也感谢你们愿意勇敢地开放自己的课堂，让我能够有幸成为见证你们迈向顶尖教师历程的一分子。能够为诸位提供服务是我们的荣幸，也是我们引以为傲的优势。正是得益于诸位的无私分享和鼎力相助，我才能够不断地学习、提高，并能在优秀教育者这条路上走得更远。

在这里，我特别想感谢那些刚刚从事教师这份职业的可敬的人。你们选择了这个世界上最好的职业。你们的勇气和激情给予了我无限的灵感，而你们的伟大贡献也让我心生叹服。

最后，没有那些最爱我、最支持我的亲人，我也不可能获得今日的成就，从事自己最心爱的事业。我三生有幸能够拥有一个挚爱我的家庭；我的母亲、父亲和妹妹都无条件地接受和热爱着最真实的我。如果这一切仍不够完美，那么我能够沉浸在查尔斯这样梦寐以求的男人的爱意与支持之中又何其有幸。相信我，正是他们，让我的人生从此与众不同。

作者简介

罗宾·R. 杰克逊　博士

对教学职业充满了激情。她曾担任高中的英语老师和初中学校的管理人员。同时也是Mindsteps教育服务集团的创始人和执行总裁。这家位于哥伦比亚特区华盛顿市的公司是一家专门为教师和教育管理人员提供职业发展咨询的独立服务提供商。

此外，罗宾也曾撰写并出版过九本教育类专著，其中就包括全美畅销的《教学可以很简单》（中国青年出版社，2013年）以及《玩转成功教学理论系列指导》（美国教学督导和课程发展协会－ASCD）。通过自己的演讲和培训课程，罗宾激励了来自世界各地的听众，并帮助他们成为顶尖的教师，让他们能够执行更严格缜密的教学，能为学习困难的学生提供支持，同时还提供更高效的教学管理和领导。

想要了解更多信息，可登录官网：www.mindstepsinc.com查看。

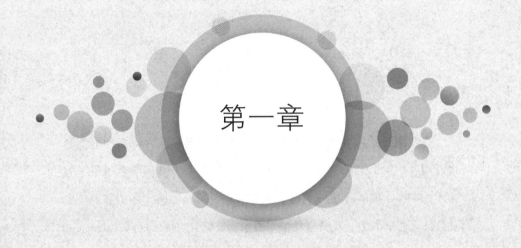

第一章

如何形成自己的教学风格

You Can Be Yourself

Developing Your Own Teaching Style

在我刚开始从事教学的时候，我想成为多年以来在电影和电视剧里看到过并且无比欣赏的教师形象的集大成者。我想要具备西德尼·波蒂埃（Sidney Poitier）在《吾爱吾师》（*To Sir, with Love*）中的高尚情操和鼓舞人心的能力。我希望具备像杰米·埃斯卡兰特（Jaime Escalante）在《为人师表》（*Stand and Deliver*）中的钢铁般的决心。我还希望拥有结合了乔·克拉克（Joe Clark）在《铁腕校长》（*Lean On Me*）中和黛比·埃伦（Debbie Allen）在《名扬四海》（*Fame*）中的坚韧不屈的气质。我还想要学习米歇尔·法伊弗（Michelle Pfeiffer）在《危险的思想》（*Dangerous Minds*）中挑战常规的能力和勇气。而且我还想要具备加布·卡普兰（Gabe Kaplan）在《欢迎克特尔归来》（*Welcome Back Kotter*）中展现出来的可爱的、略显滑稽的幽默感。我当时坚定地认为，只要集合了所有这些优异的特质，我就能够成为一位伟大的教师。

　　因此，我在每天上班的时候都试图尽可能地按照自己勾画出的理想教师形象来由内而外地打造自己。我打着创新的旗号设计了无数怪异的课程，举着严格要求学生的招牌制定了很多无理的成绩要求。而且，因为我当时在高中教学，并且看起来比我自己大多数的学生都要年轻，为了保证自己的权威形象，我把自己打扮得像一个古板的女学究——平跟鞋、几乎长到脚踝的裙子、土气的衬衫以及厚厚的玻璃镜片就是我的全副武装。我的妹妹甚至都开始称呼我为《小淘气》系列电影里古板、滑稽的女教师瑰柏翠小姐。

我想要改变学生们的人生和命运，所以我全身心地扑在了自己的教学工作上。我将自己在教学法课程上学会的所有方法和技巧都运用到了课堂教学实践中。我每天都要写好几个教学计划和大纲，每个周末都花在了给学生批改作业上。而且，我忠实严格地执行了课程大纲的教学安排。我制定并严格执行了各项课堂纪律和规则。我花费大量的心思制定了细致到位的、因人而异的教学方案，旨在满足每一个学生不同的学习风格和多元化智力水平的需求。此外，我还采用了各种高科技辅助教学手段。我尽心尽力地与教师同事们通力合作。我运用了合作学习的指导手段，鼓励学生们开展探索式学习并关注班级的文化多元性——你能够想象到的一切教学方法和手段我都试了个遍。简而言之，我费了九牛二虎之力就是想要成为自己理想中的完美教师。

但是，很快我就意识到，我理想的课堂和实际教授的学生之间有着天壤之别。我花了数个小时精心设计的作业在学生间反响平平。我迫不及待想要尝试的那些十分有趣的教学方法完全无法带动学生的兴趣。一开始，我以为只要能够积累足够多足够新的教学策略、更好的课程设计以及不同的教学方法，我就能够轻松解决所有教学问题。因此，我几乎将自己所有的时间都花在了学习和自我提高上。我阅读了《快乐教学》系列的全部书籍，因为它们看起来让教学变成了一件轻松无比又充满乐趣的事情。我还观察了经验丰富的老教师们是如何得心应手地管理和把握课堂的。我掌握了大量与教学相关的技能和信息并且越来越努力工作，直到把自己搞到精疲力竭，快要累死的程度。即便我做了这么多努力和尝试，还是有一些学生依然不爱听课，在课堂上觉得无聊并且几乎不参与任何学习活动。甚至有一段时间，我将教学失败的责任推卸到了学生的头上：他们太懒惰；他们根本不关注学习；他们的父母失责并且没有教育好自己的孩子；等等。有时候，这些责任甚至推卸到了一些看起来更容易让人接受的借口上——例如，学生们家境过于贫困以致于他们没有办法全身心地投入学习；或是他们的注意力持续时间实在太短以致于无法长时间专心学习，而这一切都是看电视和接触社交媒体的后果；甚至是学生这一代人的价值观和人生观已经与我们的不同等等诸多理由和借口。但归根结底，最重要的原因却是，对于学生们来说，我并不是一个进行了有效教学的老师；至少，我的教学并没有我自己想象中的那么有效。

我在挣扎了很长一段时间，遭受了很多挫折和失败后才开始真正明白，原来问题的根源不是在我学生身上，而是在我自己，对学生采用了错误的教学方式。随着时间的推移，我逐渐意识到，我为了变成自己梦想中的完美老师而所做的事情和努力，更大程度上只是满足了我个人的需要，而非满足学生的真实需求。我希望学生学业有成，只是因为这意味着作为他们老师的我是一个成功的教师。我幻想着他们每个人都能够在期末时眼含热泪地对我说，我彻底地改变了他们的人生。我期待自己能够在下一次的晚餐聚会上向我的朋友们讲述，我是如何改变了学生的人生和命运等等，好让他们惊叹不已、心生敬畏。我希望自己的学生能够成功，并且在他们的诺贝尔获奖感言中提及我对他们人生的影响。我也希望自己的教学事迹能够出类拔萃，让人愿意给我拍一部我的教学传记或传奇人生纪录片。事实上，我拥有的很多关于教学的梦想根本与我的学生无关，它

> 我为了变成梦想中理想老师的做派和形象而做出的种种努力和尝试，更大程度上只是满足了我个人的自我需要，而非满足学生的真实学习需求。

们只是关于我自己的自私、自我的梦想。

一旦我意识到了这个令人痛苦不已（还有那么一点尴尬不已）的事实，我就将自己的工作重心从自己和自己扭曲的理想上转移到了我的学生身上。我不再试图控制他们的学习，而是开始学着向他们展示如何去学习。我不再试图让学生们努力学习来满足我的个人需求，而是开始通过自己的努力来满足学生们的需求。

转变几乎瞬间就发生了，而发生的转变如此明显而激烈，以致于我再也无法停止前进的步伐。在我的教学生涯中，我第一次强烈地感到了自由。成为我理想中的伟大教师的诸多尝试和努力简直让我的教学一败涂地。而一旦我扔掉了这些不切实际的想法，并将自己教学的重心放到学生身上，满足学生的学习需求，并且学会放松自己之后，我反而能够真正地实现教学目的，并开始真正成为一个懂得教学的老师。而正因此，随着时间的推移，我惊奇地发现自己竟然慢慢地变成了过去梦寐以求的那种理想的教师。

在我的课堂和学生身上发生的那些改变，如果你认为我要拍出一部动人心弦的电影，恐怕就要失望了。因为在某些时候，我的教学能够让学生激情万丈；但有的时候也会让他们意志消沉。有的时候我的

学生们无比地敬爱我，而其他时候他们会被我弄得心烦意乱，并且无比讨厌我的存在。但是，无论效果是好是坏，学生们的学习热情是涨是落，只要我的关注点和重心放在如何将教学工作完成得更好，而不是如何成为最完美的教师，我就能够找到自己的教学风格。而且，我向诸位承诺，只要你也能够做到这一点，你便可以找到自己的教学风格。下面，我们就来看看如何做到这一点。

大胆地借用他人的教学秘诀，但是一定要牢记自己的教学初衷和教学目标

我并不了解诸位的实际情况，但是我个人在刚刚开始教学时，总是感到一种压力和紧迫感，以致于我迫不及待地想要掌握"一系列的教学技巧"。为此，我照搬了自己能够发现的所有令人兴奋的课堂模式；我积极去试听其他老师的课，并"剽窃"了他们在课堂上分发的所有资料，设计的所有课堂活动，甚至照搬了他们在黑板上写的所有教学点。我将自己看到或观察到的其他老师的优秀做法和教学设计全部记录下来并分类整理到笔记本上。每当我设计一个新课程时，我总是会翻开自己这本"教学技巧大全"并照搬其中记录的某个来自其他教师的成功的教学策略，或是照抄其他教师的课程设计方案，并且复制到自己的课程和班级上，试图取得同样的成功。有的时候我能够成功地实现这一目标，但大多数时候，我甚至无法在课堂上将这些照搬来的技巧和方法顺利地进行下去。

一开始，我觉得自己是个糟糕透顶的教师。毕竟，其他教师就很成功地在自己的课程上运用了这样的课程设计或活页练习题。既然他

们都获得了成功，为什么我做不到呢？直到一个学年快结束的时候，我才终于意识到问题在哪里：我虽然竭尽全力地想要在自己的课堂和班级上成功地复制其他教师取得的教学效果，但是我并没有深入思考，为什么这些教师选择了这些材料而非其他材料，为什么他们采用了这个教学策略而不是其他的。我的努力只是试图将其他教师获得成功的教学设计生搬硬套地复制到自己的课堂上，而并没有考虑到他们的这些课程设计是否适用于我自己的学生、是否适合我个人的教学风格、是否能够满足我和学生的教学和学习目标。

借用其他教师的教学想法和设计是可以接受的。我们所有人都在互相学习和借鉴。但是在盲目地借鉴、照搬其他老师的教学想法和设计用于自己的课堂实践之前，你必须要在心中牢记自己的教学目标和教学初衷、牢记自己学生的风格

> 我的努力，只是试图将其他教师获得成功的教学设计生搬硬套地复制到自己的课堂上，而没有考虑到他们这些课程设计是否适用于我自己的学生、是否适合我个人的教学风格、是否能够满足我和学生的教学和学习目标。

和特点、牢记自己想要学生实现什么学习目标等等。对其他教师有效的方法或策略不一定对你的课堂有效。能够在其他课堂上取得成功的技巧不一定能够在你的课堂上奏效。所以，你尽可以放心大胆地去借鉴或生搬其他老师的想法和创意，但是一定要抱着审慎、酌情取用的原则。花时间来了解和分析为什么这些方法能够生效，这能够让你在稍后的运用过程中进行调整和改动，以实现自己的教学目标。

可以向他人学习，但只采用对自己有效的做法

在我刚刚开始从事教学的时候，我会原样照搬别的教师给我展示的教学方法，因为我自己不知道还有什么更好的教学方式。虽然我从中学到了很多东西，但其他教师教授我的一些教学体系对我的课堂和教学来说完全无效。我发现有些体系十分地笨拙和繁重。哪怕这些体系对于那些向我传授这些体系的教师来说是有效的，我个人却需要一些更加高效的方法和体系。

举个例子，在每个学期末的学生评分阶段，有些教师会给那些没有提交或完成作业的学生打上"未完成"的评定。这些老师之所以采用这个做法，是因为他们觉得这样的评定能够帮助学生补齐没有完成的作业。一旦学生的评分卡片发放之后，被评定为"未完成"的学生将有十天的时间来补齐作业，如果他们没有在十天的期限内补齐作业，他们的评定就会从"未完成"变成不及格。

鉴于大家都采用了同样的评分定级体系，我也照做了。但是很快我就开始质疑这个政策的正确性和有效性。因为这个做法对于我来说完全没有任何意义。在收到"未完成"的评定之后，我的大多数学生会在期限内补齐自己的作业，但是为了赶上期限，大多数人都会抄袭其他同学已经完成的作业或是匆匆忙忙应付。而补交上来的作业，我基本上也不会详细批改，而是直接大笔一挥地扣掉一半的作业成绩（这个做法也是遵照了当时最新、最普遍运用的作业批改原则），然后将这个成绩登记到学生成绩册上。而这些被评定为"未完成"的学生大体上最后也会沦落为不及格。而且这些学生还可以分成两种不同的类型：一类是知道自

己无论怎样都不及格，所以干脆选择了不补交作业；另外一类则是确实按时补齐了作业并且希望自己能够及格，但是最终还是变成了不及格。因为存在这样的做法，学生们觉得这个规定简直就是个笑话；很快我的想法也变得跟学生们一样。

但是，我选择了保持沉默。又是两个学期过去了，在这两个学期的期末学生评分中，我没有就这个政策发表任何的意见和看法。最后，我终于没忍住跟另外一个老师私下提起这个评分政策，并且表示这个政策在预防学生逃避做作业方面完全无效。而这位老师也私底下认可了我的看法。于是我们两人决定不再执行这个评分政策，并且决定到学院董事会去就这个政策进行探讨。学院董事极力地反对我们废弃这一政策的做法，但是鉴于这个政策并非地区内强制推行的一项教育政策，她也不能强迫我们两人执行。

但是，在废止这项政策后的第一个学期期末评分时，学生们的表现给了我们一个意外的惊喜。学生们缺交作业的比例要远远低于往常，也低于我的预估。

但是我和学生们也并没有因为这项政策的废止而在期末评分阶段感到焦虑不安或是精疲力竭。相反地，我开始能够在整个学季中都时刻跟进学生们的作业状态，保证他们能够按时完成每一项作业安排。到该学年末，我终于成功地制定出一项适用于我的教学和学生需求的补交作业的政策和规定。

在刚刚开始从事教学时，我们很容易就会选择直接采用

> 不要盲目地接受一些非正式的做法或教学政策，将其当成是绝对不可打破的真理。你需要自己找出对你和学生来说最有效的做法。

或照搬其他教师的做法。但是切记不可将任何非正式、约定俗成的教学做法或政策当成是不可打破的真理。你需要自己找出哪些做法和政策才是对你和你的学生最有效的。

花时间进行自我反省。我知道，很多人看到这个要求时，第一反应就是我根本没有时间来反省。相信我，我能够理解诸位这样的反应，也能明白诸位教师的难处。但是，我需要强调的是，花时间自我反省至关重要。因为这是我知道的、能够让你迅速成长为优秀教师的唯一途径和方法。事实上，这就是我能够在多年的教学经历中取得成功的诀窍。

在我的教学职业刚刚起步时，州级测试的压力、获得续聘的压力、以及跌跌撞撞的保证自己能够安全过完一整天的压力等等接踵而来，让我几乎连喘气的时间和心情都没有。我长久以来就一直幻想着能够按照自己的方式进行教学，但在真正开始教学之后，我却感觉自己陷入了疲于应付教师这份工作的怪圈。对于当时的我来说，教学已经不再像我想象中的那么轻松和有趣了。

我向一位值得信赖的老教师倾诉了我的担忧。她向我保证一切都会慢慢变得越来越好。然后我问她，她花了多长的时间才变得能够游刃有余地处理各项教学任务和需求？她的回答是整整三年！

整整三年？我根本就没有办法以这样的状态熬过三年的时间。当时我每天都在玩命工作，期望将自己成功地变成教育大师，但是我已经开始厌倦，付出了这么多却没有产生任何效果。

在完成第一年教学任务后的那个暑假，我决定参加马里兰州写作项目下设置的一个专门培训教师教授如何写作的课程。那是一个行程安排异常紧凑和忙碌的暑假。我在这个课程上学到的东西挽救了我的教学生涯。在我们抵达的第一天，我们就被要求花上半个小时的时间写作；内容和主题可以是当时自己心中或脑海中能想到的任何东西。事实上，在接下来六周的时间里，我们将大多数时间都花在了写作、反思和思考自己的教学方法上。虽然我们的任务不仅仅局限于这三个方面，但是这三个部分构成了整个培训过程的大部分内容。而正是这一切让我的教学观点、态度和方法产生了脱胎换骨的变化。在这段为期六周的时间里，在远离了日常教学任务的喧嚣和压力的环境下，我重拾了自己曾经的教育信念，回忆起了自己曾想要成为一位怎样的教师，自己曾经的职业目标是什么，以及曾经想给自己学生的人生和命运带来怎样的改变。这个回顾和反思的过程重燃了我对教学的激情，而且我向自己发誓，再也不会让这样的激情火花熄灭了。我同时还反思了自己的教学中，哪些做法是有效的，哪些是无效的，自己需要做些什么，以及自己的学生需要些什么才能保证教学效果的成功实现。我开始关注自己作为一个教师的声音和需求，然后立即开始着手构建和发展自己专属的教学风格和方式。

那个暑假的经历，让我成为了一名与之前完全不同的教师。只是花时间进行自我反思这个简单的做法，就能够帮助我倾听自己内心的声音并且让我的教学变得更加合理、有效。虽然自那之后，我再也没有机会花六个星期，开展一次同样深刻的学习和自我反思，但我发现有时只要在周末花上一个小时的时间安静独处，或是在工作日花上一个早上的时间，静静地思考和反思就足够了。有的时候，我甚至只需要早上早起三十分钟（相信我，我绝对不是一个喜欢早起工作的人！），在一个任务繁重、充满压力的工作日开始之前花一点时间来自我反思，

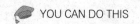

当天的工作效果将截然不同。

哪怕是现在，只要感觉马上要被目标压垮，我就会花时间进行自我反思并找到解决方法。这是我找到自己专属的教学实践方法、实现教学能力质的飞跃，并发展出全新、有效的教学方法的最佳选择。

实践和犯错也是可以接受的！我相信，每一个刚刚开始从事教学的教师，都想要完美地做好每一件事情。我们都希望自己可以这么做。我们如此担心自己会犯错或是做错事情，以致于我们坐地画牢，变得墨守成规，生怕越雷池一步。但是如果你永远都这么小心谨慎，从不犯错，你很可能也永远都不会找到自己专属的教学秘诀和魔法。寻找到对自己有效的教学方法和方式的唯一途径就是不断尝试和实践各种各样的教学方法和方式，直到找到适合自己的为止。

我也是在不断的尝试和实践之后，才找到了自己专属的教学方式和风格。实际上，我的一些最佳的教学创意就源自于我在课堂上的各项教学实践。哪怕是现在，作为一名资深的教育咨询专家，我也依然要通过不断的实践和试错，找到更新、更有效的教学策略。经过一路摸爬滚打，我总结出了有关成功教学的几条经验和教训。详见下文：

1. **一定要从自己想要解决的问题上着手开展教学实践**。身为教师，如果只是为了开展教学实践而开展教学实践，你的做法将不存在任何的实践意义。相反地，任何一项教学实践的出发点都应该是解决现有的教学问题。只有这样你才能够正确地评判自己的教学实践是否成功，因为你只需要看看自己的教学实践有没有解决现有的问题即可。

2. **专注于问题根源的分析和解决**。一旦你确定了自己将要解决的教学问题是什么，你就需要努力找出这个问题的根源，而不应该因这个问题的一些表象而被误导或分心。举个例子，学生对我在他们作业中给出的评价完全没有任何反馈，也不会在下一次的作业中做出改进。很多教师在这样的情况下会想当然地认为学生之所以没有做出任何的反馈是因为他们太懒惰，但是如果我也做出了这样的结论，那么就是我身为教师的失职，因为我对学生的问题做出了不负责任的肤浅、表象的分析和结论。而他们没有对我的作业评价做出任何反馈的根本原因在于他们完全不知道如何做出反馈。一旦我发现这才是问题的根源所在，我就能够设计出一个的确能够产生效果并促进改变的解决方法。如果你无法确定问题的根源是什么，花一些时间来思考和反思自己面临的这个挑战。你可以通过写下来或是与值得信赖的同事共同探讨，抑或是其他方式来分析和梳理。另外一个可行的办法是，可以选择直接与自己的学生交流，询问他们对问题的看法和想法。

3. 在进行实践之前要进行调研。现在你已经了解到了问题的根源，你可以四处观察或打听，看看有没有人已经成功地设计出解决的方案。你可以通过咨询同事、在线搜索、阅读书籍或者拜访教育研究机构，获取相关的信息。或者，你也可以将在这个过程中发现或借鉴的他人的做法加以变通，或是将自己发现的信息作为引子，从而设计出适合解决自己眼前问题的解决方案。

4. 进行解决方案的实践和试错，看看能否奏效。到了这个阶段，你就可以开展教学实践了。而这个时候，你的教学实践很有可能就会产生很好的效果，因为你已经事先将整件事情都了解和分析得十分透彻，这些准备工作能够极大地保证你的成功率。

5. 试后反思。在教学实践完成之后进行反思。在这个过程中，不仅仅要考察和衡量这些实践在学生身上产生的效果，如果确实奏效的话，还需要考虑这些实践给你带来了怎样的感受和收获。你是否满意所获得的教学效果？这些教学实践是否符合了你正在逐步形成的教学风格？在实践的过程中，你感觉这样的教学实践是不是正确的？你是否仍需要对这些实践进行适当的调整？你可以独自进行反思，也可以与你的教学指导员或是其他值得信赖的教师同事一同进行反思和讨论，但是要记得将自己或他人在反思过程中提出的想法记录下来。

6. 做出调整，并再次进行尝试和实践。 一旦你花了时间来反思整个实践过程并将其分析透彻，你就能够调整那些效果较差的做法，摒弃完全失败的部分而只保留那些产生了最佳教学效果的方法。而最后剩下来的精华，你可以将其保留下来与其他教学策略结合使用，也可以单独使用。完成这个去粗取精的过程之后，你就可以尽快地再度尝试调整后的方法并不断重复这一过程，直到你找到最适合自己的教学方法和操作为止。

所以，放心大胆地去实践和试错吧！不断地实践吧，无需担心你会造成任何不可挽回的后果！有的时候，你的实践可能会大获成功，而有的时候，你的实践也可能会遭遇全面惨败。无论成败，实践和尝试都是可行的。失败并不可怕，因为实践是让你找到最适合自己以及自己学生的教学方法的最佳途径。而教学的一大令人着迷之处就在于，如果今天你的实践失败了，你总是可以在明天卷土重来。你总是拥有再试一次的机会。

我知道，作为一个刚刚走上讲台的教师，无论你在这个阶段做什么事情，你看起来都有那么一点儿尴尬，但是请你相信我：如果你能坚持自我的信念、做法以及风格，随着时间的推移，你一定可以形成自己独树一帜的教学风格。我知道，你可能此刻面临着巨大的压力，恨不得一夜之间就可以成为经验丰富、技能娴熟的优秀教师。我也知道，你的心中一定有很多疑问，例如自己应该如何教学，应该如何表现，以及应该实现怎样令人惊叹的教学效果。更糟糕的是，你可能还需要应对来自外界的压力（教师同事、上级、教学指导员、学生家长，甚至是你的学生们），因为他们都想要你瞬间变成完美的教师。但是，熟练的教学技能不是一夜之间就可以养成的，这是一个熟能生巧的漫长过程。而你此刻正在经历的这个尴尬阶段也是你成长为一个顶尖教师所必经的阶段。事实上，这是一个至关重要的阶段。正是因为经历了其间的尴尬、问题、磨砺与实践，你才有可能形成自己独特的教学风格并找到适合自己及自己学生的教学方法。

找到并形成自己独特的教学风格正是你在这个阶段应该着手完成的任务。模仿他人的教学风格就如同东施效颦，要形成自己独特的教学风格。而对于这个阶段的菜鸟教师们来说，好消息是，所谓具备完美教学技能或成为顶尖教师并不要求你一定要具备特定的性格或是一定要按照某种既定的方式来进行教学。教学技能的熟练掌握并不意味着你要完成一系列约定俗成的行为或表现。教学技能的娴熟是基于一系列简单的教学理念而形成的，也正因为如此，它在每个教师身上可以也将会表现出不同的特色；不同的人或是不同性格的人有可能会表现出完全不同的教学技能。这就意味着你可以在保持个人风格的同时，成为一个顶尖的教师。事实上，这也意味着你就应该形成带有个人烙印的独树一帜的教学风格。

第二章

如何保持工作与生活的平衡

You Can Have a Life

Finding Balance

在我从事教学生涯的第一年，我的生活从很多方面来看都是一团糟。这是充满挑战的一年，也是令人兴奋和愉快的一年。然而我现在唯一能够回想起的记忆却是全年无休的疲惫感。我每天早上5：30就要起床，然后在6：15离开家，在拥堵的早高峰里开一小时的车赶往学校，就是为了能够准时在7：25开始我早上的第一节课。所有的教学工作会在下午2：00结束，但是我会在下课之后一直在办公室批改学生作业，直到下午3：30才能够离开教学楼，然后再挤在下班的晚高峰车流里，开上一个小时的车赶回家里。回到家之后，再花上一个小时或是两个小时来批改学生的作业，然后是晚饭；晚饭后熨烫自己第二天上班要穿的衣服；然后洗澡；最后，还不到晚上9：00，我就已经累到精疲力竭地倒头就睡。第二天再重复同样紧凑的行程安排。到了周末，周六晚上和周日的大部分时间都被用来批改作业和准备课堂教学。整整一年，我所做的就是在这样艰难的处境下维持自己的生计，克服生活、工作和经济上的各种困难。

　　而最艰难的在于，我根本无法让自己停止挂念学生。甚至做梦我都会梦到学校的场景。整整一年，在我所有的工作日和周末休息日里，我做的所有事情就是不断地设计教学计划、执行教学安排或是批改学生的作业。我没有时间看电视，没有时间与朋友相约一起在周末晚上聚餐或娱乐，没有时间长时间煲电话粥，也没有时间去约会。整整一年，我的人生里只剩下了不停地工作和工作。

我也见过很多跟我同样拼命的新教师。他们对自己的学生怀抱着同样的激情和责任心。他们也跟我一样，梦想着成为最好的教师。而正是这样一种愿望，让他们在吃饭、喝水，甚至是睡觉时都心中牵挂着自己的工作。但是，身为一名新教师，你也应该拥有自己的个人生活。而且你可以找到一个方法，平衡教学层面现实的需求以及教学以外的个人生活方面的需求之间的关系。下面就是我从这一年的经历中学到的一些经验和技巧。

利用好所有微不足道的碎片时间

我在获得自己的研究生学位之后才开始教学工作。在职业生涯的前六个月里，我的人生只剩下"教学"二字。六个月之后，我在承担教学任务的同时还报名参加了一个博士深造项目。一开始，要尽力同时应付教学和深造学习这两个方面十分困难。我白天需要上一天的课，然后晚上冲到博士生学习班去上课。有的时候，晚上的博士课程要上到夜里10点，而我第二天早上7点就要去学校给孩子们上课（这还没有算上一个小时左右的通勤时间）。而我的所有课余时间都花在了学习和写论文上。我手头并不宽裕，所以我希望自己可以尽可能快速、高效地完成博士学位的学习。

但是没过多久，我的这两项日程安排就变得一团糟。我开始有了无时无刻不感到的疲惫感，并且需要竭尽全力才能保证同时给予二者足够的精力和注意力。我没有任何时间去见朋友，不再有时间和精力享受阅读，不再有时间看电视，也不再有余力外出。

每个星期的星期一到星期天，我的生活就只剩下了工作、学习、吃饭和睡觉（而我的睡眠时间实际上少得可怜）。我当时只有25岁，但是却感觉自己已经过上了百岁老人的无趣生活。而且很不幸，我看起来也苍老、疲惫了很多。

有一天，我妈妈给我打电话，我们聊了一会儿。她说，"亲爱的，我很担心你。你现在的生活只剩下工作和去学校进修。你的个人生活呢？"

"什么个人生活？"我轻蔑地轻哼了一声，"我没有时间过自己的生活。"

"那么，你就需要挤出时间来拥有自己的生活。"妈妈警告我，"生活远远不只有工作，你知道吗亲爱的。我十分担心你目前的状态。"

一开始，我对于母亲的这种担忧完全不予理会。毕竟，她是我的妈妈，母亲总会为儿女的生活瞎操心。而且，我不认为她能够了解平衡我当下面临的困境以及各项事情有多么地困难。但是，没过几天，每个工作日一成不变的工作、学习、吃饭、睡觉开始让我变得越来越暴躁。我开始意识到这样的安排确实没有留下任何个人生活的空间。我开始怀念自己以前有时间和精力去做的那些事情。

在这样充满了困惑和纠结的时刻，我的一位好友向我推荐了一部新面世的小说，并且借给了我。我十分渴望能够花时间来阅读这本小说，因为很长时间以来，我唯一阅读的只有学术期刊和教科书。但是上哪里去找时间阅读呢？我苦苦地思索。

我向另外一位朋友倾诉了我的两难处境。她的意见是我的问题在于我总是想要回到以前那样的清闲日子，一气儿将整本小说读完。

她建议我可以每次只花一点点时间阅读一小部分的内容。因此，我向自己承诺，无论每天过得有多么忙碌，无论发生了什么事情，我每天晚上上床睡觉之前至少要读一页的小说。

在你看来，这可能是微不足道的，每天晚上阅读一页小说并不会给生活带来什么翻天覆地的变化。但是这对于我来说，却是一个惊人的进步。我仍然记得，一旦我晚上有时间，我会一口气读好几页，甚至是一整个章节。而在那些疲倦万分的夜晚或是任务繁重的夜晚，我能做的就是尽力保证在匆匆扫完一整页小说之前不要睡死过去。很明显，这并不是我理想中最好的阅读方式，但是这么做至少让我能够履行对自己的承诺——每天至少花上几分钟的时间，来做一些与工作、学习、吃饭或睡觉完全无关的事情，这也向自己证明了我仍然可以，也应该挤出一些时间来过自己的个人生活，哪怕这些挤出来的时间只是忙里偷闲的一些碎片时间，或是只够我匆匆扫完一本小说的某一页。

有了这个良好的开端，我开始思考自己能否挤出时间来重拾那些我过去热衷，但现在却因为时间不够而不得不放弃的活动。于是我每天都带着决心和强大的意志力来迫使自己在异常紧凑的日程安排中找出一些碎片化的时间，做一些让自己感到愉悦的事情，例如：搓揉面粉团来自制面包，这让我平静下来；花时间与我的孩子们玩耍，这能使我精神焕发；

> 每天晚上阅读一页小说并没有让我的生活产生翻天覆地的变化。但是这对于我来说，却是一个惊人的进步。

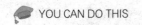

而忙里偷闲给好友打几个电话则有助于维系我与他们的感情。

保留"安息日"的传统

每个人日常生活中在劳与逸之间存在着一个天然的节奏。一旦你无法遵循这个节奏，你就要在身体健康、应对压力的能力和水平以及工作效率上付出代价。这看起来像是一个违反常理的结论，但实际上舍得花一点时间来好好地休息，从长远来看可以帮助你提高自己的工作效率。

我成长于一个严格遵循安息日传统的家庭。安息日从每周五日落开始一直持续到周六的日落。在这段时间内，我的家人和我都会做好自己的安排，尽量避免从事任何与工作相关或其他的世俗活动。相反地，我们会利用这段时间来加强与家人和好朋友之间的感情联系；参加教堂的礼拜活动并彻底地放松自己的身心。当我开始从事教学工作，并且很快报名参加博士学位的学习之后，我仍然坚持了安息日这一休养生息的传统。无论自己有多么忙碌，我都没有放弃这个好习惯，而我也从未后悔自己坚持践行了这个传统。

当我开始学会利用和享受这些挤出来的碎片化时间，而不再坐等清闲的出现，我终于能够——至少开始学会——利用这些胡乱拼凑的时间营造出一份属于自己的私人生活。

我仍然记得在博士学位的学习过程中，学校有的时候会布置一些需要在周末带回家完成的测试。跟我一同参加博士学位学习的朋友们都认为我疯了，因为我宁可舍弃周末两天中宝贵的一天来休息而不是死磕测试；尤其是对于我的综合考试项目，因为这些考试的成绩会直接决定我是继续停留在当前水平的课程学习还是可以进阶到下一个更高水平的学习。即便我心中充分了解这些考试的重要性，我也只会在周五下班之后一直做到日落，然后就将它们放到一旁。在周六晚上的日落之前，我甚至不允许自己在脑海中想到这些考试。

过完安息日之后，我会将测试题拿出来，然后尽可能地在周日或周一的最后截止日期之前完成它们。花时间来休养生息反而让我能够更专注于这些测试并且获得更好的成绩。虽然我每个周末都会抽出一整天的时间来休息，我也从未在任何一项考试中表现得很差或是不及格。

虽然我个人是出于宗教信仰的原因在每个周末严格沿袭了安息日的做法，但我有一些不信教的朋友也过安息日，只不过将之世俗化了。我有一个朋友在每个星期六都会进行"无网络安息日"活动。她会关闭所有的高科技设备，并全身心地将所有时间用在与两个年幼的孩子相处。另外一个朋友则会在每个星期天坚持"拔掉电源插头"的做法。她会选择无视所有的来电、邮件并关闭电脑，然后将一整天的时间都花在思考、自我反省、户外的长距离步行上，这让她的精神和身体都能够充分地恢复活力并为下一周忙碌的工作做好充足的准备。还有一位朋友会将每个星期五的下午空出来，用来休息、外出散步、看电影或是读书消遣——抑或是从事其他任何与工作无关的活动。我还认识很多人会将星期天的上午，或是星期三的下午空闲出来，或是每个月都空出整个周末的时间来让自己从工作中解放出来、休养生息，让自己的精神和身体都得以恢复活力。你可以自由地选择每日安排，围绕自己的生活重心或是按照自己的生活方式生活，但是，至关重要的是，你一定要花时间来休养生息。

休养生息和花时间来放松，是实现快乐又卓有成效人生的成功秘诀。我知道身为新教师你非常地忙碌，也正被各种事情压得透不过气来。有时候，你似乎永远也找不到可以休息的时间和借口。你的家里被搞得一团糟需要你花时间来收拾，你已经有好几个星期没有整理和支付自己的账单了，而且你真的需要出门采购好多日用品。但是你要记住，你必须花时间来休息，来摆脱所有这些世俗的杂务并且花一些时间来过自己想要的生活。因为这个信念，我至今仍在生活中保留了安息日的传统。

无论我的房间多么凌乱，无论我需要采购多少物品，或是需要整理和支付多少账单，甚至无论我已经推迟了多少极为重要的任务，每当周五的太阳落下，我就会将所有的杂务放到一边并专注做一件对于我来说至关重要的事情——休息。我会将整段的安息日时间都用来休息。需要完成的任务——无论是什么任务——无论你是否休息，都会一直存在。而等到周六安息日时间结束后，我将能够更好地应对和处理它，因为我已经获得了充足的休息。

找到让自己变得更加高效的方法

作为新晋的教师，你面临的一切任务都是全新的，因此要找到让自己的工作变得更加高效的方法变得相对困难。此外，你想要做好自己的工作，因此你很容易就会在每件事情上花费很多的时间。但是，你需要找到一些方法来简化你的工作流程，只有这样，才不会被繁重的工作任务压垮。我十分了解这样的心情，因为我在刚刚开始教学工作时，也不知道怎么样才能顺利完成一天的既定工作内容。但是，我仍然可以观察到其他教师能够按时地完成作业批改、教学设计等工作，并且仍然有时间来从事自己最喜欢的事情，与家人相处并培养自己的兴趣爱好，也能够在工作之外拥有一个精彩的人生。我也因此明白这样的生活和平衡是可能实现的，而我只需要找到实现这种平衡的方法。

于是我开始四处询问其他教师成功的方法和秘诀。你是怎么保证学生的出勤率的？你是如何处理学生交作业这一问题的？你怎么应对学生家长发来的邮件？我能不能学习一下您的文档分类体系？而这些经验丰富的老教师也十分乐于跟我分享他们的成功秘诀。

其中一位教师向我展示了她永远不将学生作业带回家批改的工作秘诀。她的做法是每天去一趟教师办公室并带上学生成绩登记册。她会在教师办公室里填写完所有的504计划、个体化教育计划（IEPs与504计划都是为残疾或学习有困难的孩子制定的特殊教育计划），并答复收信箱中来自教育顾问和教学指导员的亟待她回复的所有要求。所有这些工作都会在学院教师办公室完成。通过这样的方式，她可以迅速批改完所有学生的作业，并且保证不会遗漏任何一份作业。另外一个教师则跟我分享了文档归类的秘诀。他的建议是不要按照英文字母的顺序来将文档归类，而是按照不同的主题来整理归类，这样所有相关的文档都能在同一个文件夹下找到。这个技巧帮助我节约了大量的文档检索时间并且让我的文件看起来更加井井有条。然后，另外一位教师向我展示了一个更有效的学生评分和评级方法，以及一个能够对学生的表现进行合理评价的系统；这个系统对学生的评分更合理，也更公平，远远好于我之前使用的那个系统。当然，也并非每个人分享的所有技巧都对我的工作有效。但是，在努力将所有这些可能有效的方法融入自己的工作中快一个月之后，我发现自己终于形成了一套适合自己的教学工作体系和流程，并且让自己的工作变得更加高效。这之后，在教学生涯的前几年里，我也没有停止对这些体系和流程进行不断调整和完善，直到我确保所有的事情都能够按照最佳的方式顺利完成。

在刚刚从事工作的前几年，我建议每位新教师都能够创建一些有助于将每项工作顺利推进的系统和流程。你可以咨询同在一栋教学大楼中工作的其他经验丰富的老教师，向他们请教并请他们分享自己的心得，这比你自己重新设计系统或流程要更加简单和有效。然后将自己学到的系统和流程进行调整，让它们变成为你的工作量身定制的系统和流程，直到它们能够使你的工作更高效和更便捷。你在工作上能够获得的效率越高，你就越有可能拥有更多的业余时间来充实自己的个人生活。

确保每项工作都有实际意义

而令我获益匪浅的一个做法是，衡量和评估自己的所有工作，并找出哪些工作占用了自己最多的时间。

我当时在上写作课，并且坚定地相信学生们只有尽可能地多写才能够提高写作的水平和技巧。因此我要求他们每周都要写一篇文章。因为我相信这样的作业安排能够提高他们的写作能力和技巧。而问题在于，当我在每个周五收齐所有交上来的写作作业之后，我需要在周末立刻完成这些作业的批改和反馈，而这将直接侵占了我的周末。要么我整个周末都花在给学生批改作文上，因为我周一的时候就要给他们反馈，要么就是整个周末都处于一种内疚和负罪感之中，因为我没有花时间来改作文，然后在周一来临之前疯狂地将所有的作文批改完毕。无论是哪种情况，我对学生作文反馈的质量都不高。因为我是在匆忙之下作出的反馈；而且学生的写作质量也没有提高，原因在于他们没有时间来仔细消化我的反馈并提高自己的写作水平，而这是因为他们也将所有的时间花在了赶作业上。

除此之外，我每天晚上都会给学生布置家庭作业，因为我觉得这是一个负责任的好教师应尽的义务。这个做法再一次失败了。因为我每天都布置作业，我的批改量增加了，但批改的质量反而下降了。而且因为我通常是为了布置家庭作业而布置家庭作业，学生们就变成为了完成家庭作业而完成家庭作业，他们每天为了能够赶在截止日期之前交作业而匆匆忙忙地敷衍了事，这直接导致了他们作业完成质量的急剧下滑，也导致他们的关注点从有意识地完成作业变成了敷衍应付，蒙混过关。

而且，在教学的其他方面在很多小细节上我也不得要领。因为我总是在上课的前几天才开始规划课程的流程和内容，这导致我几乎每天都在不停地复印资料。我没有能够执行一套有效的教学方案来保证课堂的顺利推进，所以我浪费了大量的时间做一些无用功，例如：整理书籍；找到存放东西的地方，或是整理学生交上来的作业等等。我当时确实非常需要更好的工作流程和组织方式。

因此，我采取的第一个转变就是简化我的作业流程。汤姆是一个智慧不凡的教师，他在我的隔壁教室上课。某天路过我的教室门口，

看见我桌子上堆得满满当当的学生作业，然后他问我，

"这都是些什么啊？"

"我需要批改的学生家庭作业。"我向椅背靠了靠，闭上眼睛，开始猛揉我的太阳穴。"如果我不幸英年早逝，一定是因为我天天都被埋在小山一样的学生作业里。"我夸张地向汤姆抱怨道。

汤姆笑了笑：“你不会不给学生布置这么多的作业吗？”

我的眼睛刷地一下就睁开了。汤姆的话简直是在亵渎我的工作。"但是我一定要布置作业的呀！"我气急败坏地反驳他，"不然学生怎么可能学到东西呢！"

"我并没有说你永远都不要布置作业。"汤姆转了转眼睛说，"但是你真的有必要每天晚上都布置作业吗？我的意思是，想想看，"他一边说，一边从成堆的学生作业里随手拿起一本，上面写了一篇用词不当，语法混乱，句子结构惨不忍睹的文章，"你真的认为如果你的学生今天晚上不用'坚持不懈'这个词造出十个句子结构一塌糊涂的句子，他们就会变得不学无术、一事无成吗？"

"他们需要这样不断的练习。"我一边试图从汤姆手里将作业本拽回来，一边辩驳说。

"那么，他们真正得到了什么练习？"汤姆问我。我坐在那里，目瞪口呆地看着他。因为我真的不知道学生得到了什么练习。

"但是，我们不是一定要给他们布置作业的吗？"我问汤姆。

"我会在学生需要做作业的时候布置作业。"汤姆一边说，一边将学生的作业还给我，然后朝门口走去。他在教室门口停了一下，扭过头意味深长地看着我，整理了一下自己的领结，然后说，"但是，也只

有在学生需要做作业的时候才会布置作业。”

我默默地看着汤姆离开教室，说实话，当时的我认为他不是我想象中的好教师。我的意思是，他怎么可以不要求学生做家庭作业呢？但是，在接下来的几天里，在观察和权衡了我给学生布置的家庭作业和学生作业完成质量之后，我意识到自己真的布置了过多的作业。而且布置和批改大量的作业，并没有给学生的写作水平和能力带来什么质的变化。然后我开始了教学实践，只在认为学生需要的时候给他们布置作业。这个做法不仅仅没有导致学生的学习表现下滑，反而让他们真正开始严肃地对待我布置下去的作业。学生交上来的作业更多了，缺漏作业的情况反而变少了。

然后我停止了每天晚上都给学生布置作业这一做法。并且开始反思自己在教学上的其他做法。之后我不再每周布置一篇作文。我也不再仅为了布置作业而给学生布置作业。并且开始确保我布置的每一项作业都能给学生带来实际的练习效果和好处。

学生的学业成绩并没有因此而出现下滑。事实上，有更多的学生按时地上交了作业，并且获得了更明显的进步，因为我布置的所有家庭作业都变得更有效，也更有建设性。此外，我能够更快和更好地反馈和批改他们的作业，因为我的批改量减少了。我的学生们也获得了为了提高写作水平所必需的有效反馈。在这样的情况下，“少即是多”这个理念变成了一个有效的教学手段。

不再每晚都给学生布置作业，终于让我获得了教学设计的自由和自主权，并且可以开始真正地给学生布置卓有成效的作业。而对于其他课程的诸多作业布置任务，这个教学方法也同样适用。永远不要为了给学生布置作业而布置作业。因为这只会浪费教师的时间，同时也是在浪费学生的时间。相反地，你需要确保你布置的每一项作业或任务都具有实际的教育意义，并且能够产生效果。因为只有这样，学生用来完成作业的时间和老师用来批改作业的时间才是有价值的。

不要试图事事做到完美

我与凯伦的第一次会面是在我负责她们学校的教学指导培训期间。跟其他大多数新教师一样，凯伦迫切地想要成为一个好老师，但是，实话说，她给自己施加了过多的压力，导致还没有到十二月，即一个新学期还没有结束，她就被工作压垮了。有一天，当我们正在一起研究如何制定一个严谨的教学计划时，她出现了情绪崩溃并哭了起来。

"你为什么突然哭了？"我十分担忧地询问。

"对不起。"她一边抹着眼泪，一边清了清鼻子，"实在对不住。我没事，就是被工作搞崩溃了。我一直工作、工作、工作，完全没有休息。但是不管我怎么努力，好像总是不够似的。所有人都在给我施压，逼着我把学生的考试成绩提高，但是我却仍然还在摸索和学习各种各样的教学技巧和窍门。"

我递给她一张纸巾。"凯伦，"我十分温和地开口说，"其实你现在需要做的是列一张该被终止的工作事项清单。"

"一张该被终止的工作事项清单？"她十分困惑地重复着我的话，"我不明白您的意思。"

"事情是这样的，我相信，作为教师的我们十分擅长制定'待办工作事项清单'。"我解释道，"但是这就会导致我们一直不停地往这个清单里添加新项目，从而让这个清单变得越来越长，直到有一天我们彻底被这个长长的清单压垮。现在我们要做的，就是花一些时间来删除一些不必要的工作事项，让你每天都能够空余出来一些时间，全身心去关注和解决那些至关重要的事情。"

谈话结束之后，我要求凯伦列出当天她需要完成的所有工作明细。然后我们一起回顾了她列出的工作事项清单，并且将每一项活动都按照下面四个类别进行归类，即：浪费时间的工作、需要花费大量时间的工作、失败的教学激励手段或措施，以及具有重要意义的工作。

浪费时间的工作，例如将时间花在设计无效或效果不好的课前热身活动，陷入与学生的无意义争执或争论，以及评价某些特定类型的实践项目或批改某些作业等等。对于这个类型的工作，我们的做法是直接剔除。

而对于需要花费大量时间的工作事项，我们的解决办法是施行自动化操作。举个例子，凯伦需要按照地区教育政策的要求建立教师专业档案。她每周都需要花好几个小时来添加相关的档案内容。我建议她可以首先简化档案添加和整理的工作流程，其次可以利用无关紧要的部门会议时间进行档案的归类和整理。

一旦参加的会议要求她保持关注，她也可以随时停止这个档案整理和归类的工作。此外，凯伦所在地区的相关教育政策还要求凯伦这样的教师必须为学困生提供额外的帮助和支持。为了满足这个要求，我向凯伦分享了如何成功设定一个预防性的学习支持方案，这个方法既可以用来实现大部分支持性教学设计和手段的自动化操作和管理，又可以让凯伦避免在学生帮扶上投入过量的时间。

至于那些失败的教学激励手段和措施，我们将委托或转交给学生或同一栋教学楼里的其他教师来进行或作评估。我们发现，凯伦设计并实施了大量失败的教学激励手段和措施。正如许多其他用心良苦的教师那样——凯伦会主动承担自己教学任务和责任以外其他方面的职责，因为除她之外，她所在的团队好像没有人愿意站出来承担义务或责任。而最终的结果是，凯伦把自己搞得精疲力竭。所以，我们的工作就是要将那些她应该委托或转交给其他教学小组成员的工作事项划分出来。然后我们将学生应该承担，但是目前却是由凯伦完成的工作职责或范围划分出来，然后一起研究如何找到有效的策略和方法将这些工作归还给学生。

最后，我们一起研究剩下的工作事项，并且一起探讨为何这些工作具有重要的意义。当话题转到对学生的热爱，找到他们的诉求并且通过教学过程满足他们，凯伦立刻就变得十分放松。但是，因为每天日常工作中总是充斥着各种浪费时间的工作、需要花费大量时间的工作以及失败的教学激励手段或措施，凯伦几乎没有时间来从事那些对于她以及她的学生来说具有重要意义的事情。然后我们探讨了如何才能够保证将更多的时间花在这些具有重要意义的事情上，以及怎么做才能够重新激发她对于教学的热情。

当我们的交谈和探讨结束时，凯伦明显放松多了。当她结束我们当天的培训课程走出教室时，她的心中已经有了一个方案和计划，帮助她在每天繁忙的日程安排中找到时间和空间来从事那些真正重要的事情。

如果你也想要提高自己的教学效率，改善自己的工作效果，但是又觉得自己所在地区的教育强制政策和规定、学生家长的诸多要求、繁重的课程安排或是所在科室的诸多限制已经成为了你提高自身工作效率的阻碍，那么，正确的方法不是在你已经满满当当的工作日程安排中再加上那么一个解决的策略、流程或是工作职责，你需要做的反而是列出一张"该被终止的工作事项清单"，并且找到恰当的方法来剔除这些不那么重要的工作事项，或是让它们自动运转，也可以尝试委托或转交给本应负责的相关人员。只有这样，你才有可能专注于那些至关重要的教学任务。

将工作与个人生活区分开来

很多至理名言往往来自非传统的领域。在我从事教学工作的第一年，我拼了命地工作也只能够保证维持生计，克服生活、工作和财务上的诸多困难。我当时正在教授三门预科课程，此外还得研究课程设置以及努力应付作业批改的频率和质量要求。每一天，我都从早上一路不停歇地工作到晚上——甚至吃午饭的时候仍在工作——下班之后还会带着满满一大包的学生作业和备课材料回家加班。回到家之后，我换上一身舒适的便服，然后蜷到沙发上，花上两到三个小时聚精会神地批改作业和备课，随后在晚上9：00时就因为精疲力竭而不得不上床倒头睡着。

周末也好不到哪里去。我至少要将周末一半的时间用来备课，以确保自己赶上了既定的教学进度。

我不仅仅开始厌恶这种过劳的状态——因为工作看起来就像是永远也做不完的样子——也开始厌恶呆在家里的时间，它已经完全被工作占用，没留下一丁点儿私人时间。这份工作看起来像是永远都有一份新的作业等着我去批改，永远都有一节新的课程等着我去准备。我痛恨自己带回家的这些作业和备课资料，因为它们存在的意义就是不断提醒我，你的进度已经远远落后于既定的进度了。它们是我心中愧疚感和内疚感的持续来源。即便我干了一件跟教学工作和教学活动无关的事情，例如试图看半个小时的电视来放松自己，我也根本无法享受这个过程，因为我的眼角总是会瞟到那一大包放在角落的作业，它们还等着我来批改。如果我的午饭吃得稍微慢了一些或是花了点儿时间跟朋友通了个电话，如果我读了一会儿书作为消遣或是早早地就上床睡觉，那一大包作业就默默地在那个角落盯着我，无声地谴责我这个懒鬼。我真是无比痛恨那一包带回家来的作业。

有一天，当我正拖着沉重的一大包作业回家时，南希——怎么形容好呢——作为我们部门里一个更加"离经叛道"的老师看到了我。当时她正好踏出自己的教室门口，看到我之后便拦住了我。

"你在干嘛呢？"她十分强势地问我。

"我正准备回家呢。"我回答说，有点儿被她说话的气势给吓着了。

"我知道你正准备回家，但是你为什么要带着这么一大包的学生作业回家？"她继续追问。

好吧，又来了！我心里默默地对自己说：与南希老师的又一次怪异对话。"我有很多的作业要批改。"我解释道。

"好吧，南希老师，虽然我很希望再继续跟你聊一会儿，但是我真的赶时间，要赶紧回去了。"我试图绕开她，但是她用身体挡住了我的去路。

"杂货店的老板会不会把各种杂货带回家？"她两手叉腰，气势汹汹地问我。

"呃，应该不会。"我回答说，但是心里却很纳闷她问这么多的问题，到底要表达什么。

"那么清洁工会不会把垃圾带回家？"她再次强势发问。

"不会。"

"邮递员会不会把要邮递的信件带回家？"

"不会。"

"医生会不会把自己的病患带回家？"

"不会。"

"那么，你为什么要把所有这些与教学工作相关的东西带回家？"她终于结束了她的发问。

虽然这段对话听起来十分地怪异和疯狂，但我不得不承认南希确实提出了一个值得深思的观点。可我转念一想，如果我不把这些工作带回家，我怎么可能准时完成那些既定的工作呢？

"如果我不带回家加班做，我就永远也不可能准时完成这些工作呀。"我向南希解释说。

南希看着我，双臂抱胸说："那就在这里做完。"她朝我点了点头，走回她的教室去了。

在开车回家的路上，我心里翻来覆去想的都是我们的这段对话。在工作时间做完这些工作？怎么可能做到呢？我现在所有的工作时间，甚至是午餐时间，都已经被工作占得满满当当的了。我怎么可能还有多余的时间来做完手头这些工作呢？但是第二天，我还是决定尝试一下南希的建议。我决定在学校加班，努力批改完所有的作业并将所有的课程准备好之后再回家。

在学生们放学之后，我在学校加了一个小时的班，并且当晚特意没有带任何作业或备课资料回家。

发生的转变可谓天翻地覆！我回到家之后，真正开始享受回家放松的感觉。家里不再有一大包的学生作业，无论我做什么都在无声地讽刺我并且让我心生愧疚。这样的感觉简直是太棒了！第二天，一切正常，没有出现什么不可挽回的惨烈教学事故。也没有任何事情因我前一晚的行为而失败。事实上，我的情绪状态变得极好，而且这是很长一段时间以来，心情和状态最好的一次。

当天的下午，以及那以后的很多个下午，我都会留在学校加班，并且把所有的工作都在学校做完。正因为我是在工作的地方进行额外的工作，少了在家里加班时各种分心的事物或是诱惑的干扰，自己的工作效率和专注力都大大提高了。有的时候，我需要加班一个小时，有的时候，需要加班两到三个小时，但是无论加班时间长短，当我开车离开教学大楼时，我能确保自己所有的教学工作都完成了！我就能够在下班之后将工作的事情放到一旁，并且可以将全部的精力放在生活的其他方面。

是的，我理解并不是每一个人都可以在学校加班到很晚并且把所有的工作都完成。你们有些人可能需要照顾家庭，需要去上夜校，或者是需要你在学校放学之后必须马上离开学校完成的责任或事情。但是，无论是哪种情况，这个道理同样适用。你需要将你的工作生活跟你的私人生活区分开来。如果你不得不在家加班，那么你需要明确的划分工作和私人生活之间的界限。当你在家工作时，设定一段特定的工作时间，并且在家里划分出一块专门用于加班工作的区域。你可以关上房门，或是在精神上关上家庭生活的房门，将周遭的家庭生活与从事的工作间隔开来，以便专心工作。然后，在你完成工作之后，将它们放到一旁，开始专心回归你的家庭生活。

我甚至还认识其他一些老师，当他们不得不在家加班时，他们会在开始工作之前和结束工作之后都搞一个小仪式，以示工作与生活的区分。

有些人在工作开始之前和结束之后都会来一段祷告。其他人则会在工作结束之后将教学公文包放回车子里，真正做到了将工作放到一旁。我认识的另外一个老师，会在当天的工作完成之后，向自己的家人和年幼的孩子做一个十分正式的宣告。孩子们会热烈地鼓掌，然后和自己的妈妈一起享受温馨的家庭时光。所有这些仪式或举动，都是为了在工作生活和私人生活之间画上一条清晰的界限。这是我了解到的区分工作和私人生活的最佳方式之一，这么做可以避免让你的工作成为你生活的全部。

发掘和培养学校工作以外的兴趣爱好

你肯定曾经听过这么一句老话，"只工作不玩耍，聪明的小孩也变傻。"我要告诉你，事实就是这样的。如果你的生活只剩下了工作，那么你将让自己变成一个非常非常无趣的人。而对于学生来说，有一个十分无趣的老师来上课，可不是什么好事。

我经常看到这样的景象——教师们呕心沥血，将自己所有的时间和精力都花在了教学上。他们总是孜孜不倦、无时无刻不在批改作业、阅读教师手册、参加教师培训、备课和重新调整已经备好的课程、批改论文、布置作业和学生研究项目等等。教学已经成为了他们生命的全部。这样的问题通常会发生在新教师身上。而对于这样的做法我完全能够理解。

你刚刚开始自己的新工作，所以有点儿兴奋过头，或是因为刚刚开始工作，所以被新工作接踵而来的各项要求压垮了，而为了满足教学的需求，教学工作彻底占据了你的生命。

但是，你在教学和学校生活之外仍然拥有自己的私人生活至关重要，不仅仅因为这能够让你保持理性，还因为这能让你变成更好的教师。在如何成为一个更好的教师这一点上，很多我学到的绝佳经验不是来自我参加的各种教学研究工作坊，也不是在熬夜批改作业时的灵感一现，这些绝佳的经验是在我从事别的活动时学会的。

举个例子，在我刚刚从事教学活动时，我教授了写作课程，我仍然记得当时思路卡在了如何教会学生以作家的思维来思考，我苦苦思索但是就是找不到理想的方法。我阅读了好几本相关话题的著作，虽然这些书籍提供了一些想法和思路，但我总是感觉还是缺了点儿什么，并且感觉自己需要继续学习和研究。一天，我随手翻开一本书消遣，我花了整个下午的时间，不带任何与工作相关的目的来阅读这本书，只为取悦自己。当我惊叹于这本小说的作者高超的写作技巧时，我一直苦苦寻求的答案忽然之间就涌现了。另外一次，我又在教学上卡壳了。但是却在观看一场歌剧的时候找到了解决方案的灵感。而这样的妙手偶得一次又一次地发生在了我的生活中。通常的情况是，当我在教学的某个方面陷入了困境时，我在教学以外的兴趣爱好则恰好能够为我提供理解和分析问题的新角度，从而让我豁然开朗。

但是，工作之外的兴趣爱好之所以能够让你成为更好的老师，除了能够直接帮助你解决工作难题或困境之外，还有另一方面的原因。这就是在学校和教学生活之外拥有私人生活能够让你成为一个更有趣的人，作为一个独立的个体，你越是有趣，你就越有可能成为一个好老师。

学生们经常跟我说，他们最喜爱的老师，一般都是那些不仅仅对自己所教科目充满激情，还对自己的生活充满了激情和热爱的老师。学生们更热爱那些看起来拥有健全人格和完整人生的老师，而非那些生命中只有教学的老师。所以，好好地去活出一个精彩的人生吧。

要精打细算，开源节流

在我刚刚从事教师行业时，我真是彻底地一穷二白。我身边大多数的朋友都选择了油水更大的职业，很快他们就开上了新车子，住进了新公寓或是新房子，然后还有余钱去到处度假。反过头来看看我自己，我住在父母的房子里，勉勉强强才能供养得起自己的车子。

一年之后，我搬出来自己住，结果差点就把自己给饿死了。我知道自己选择了教师行业就不应该期待丰厚的金钱回报，但是我的老天爷，好歹我也需要能够勉强养家糊口的收入吧。

当时，还有一些资历较老的老师同事建议我赶快储蓄自己的养老金。一般情况下我都

> 在教学和学校生活之外仍然拥有自己的私人生活至关重要，不仅仅因为这能够让你保持理性，还因为这能让你变成更好的教师。

十分礼貌地聆听他们的建议却微笑不语。我现在挣的工资糊口都略显艰难，到哪里去搞一笔钱然后存到养老金账户里去啊？

幸运的是，我有一位朋友是会计。有一天我给她打了电话，并且告诉她我需要她的专业指导和帮助，因为现在我几乎每个月都入不敷出。她把我约到了她的家里，然后花了很长的时间来研究我的各项开支和工资单据。几分钟之后，我十分忐忑地问她，"你怎么看？"她抬起头盯着我说："你需要挣更多的钱。"

我当时脸上的表情肯定特别痛苦，因为她抬起头看了一眼我的脸，立马开始努力地安慰我。"不要担心，"她试图安慰我，"我一定会帮助你找到一个解决办法的。"然后，在接下来的两个小时里，她不停地一遍又一遍为我制定预算规划。然后她拿出一沓白纸，在白纸的抬头分别写上：工资到账日、需支付账单明细、可支取现金统计以及必须储蓄的金额等等。通过这么好几轮的折腾之后，她甚至成功地给我抠出来几美元的剩余，这样我就可以把这些少得可怜的钱存到我的养老金账户里。我在整个学年里都严格执行了她给我制定的这个理财计划。这是一份十分苛刻的理财规划，有的时候我甚至忍不住想要去大肆挥霍一番。但是我很庆幸自己坚持住了。这个理财规划让我能够在有限的预算内过上尚且过得去的日子。

所谓的生活，很大程度上意味着你无需担忧自己是否收支相抵，并且还能够有余钱负担得起自己喜欢做的事情。大多数旨在为新教师提供建议和指导的书籍都会跳过这个重要的话题，而开始专注于一些抽象话题的分析。但事实却是，财务原因才是给大多数新教师造成最大压力的关键。所以，我们最好还是来详细地聊一聊这个话题。但是，我必须事先提醒诸位，本书不是理财或金融书籍，我相信市面上已经有足够多优秀的此类书籍了。所以，我接下来要与诸位分享的是这些年以来我收集到的一些十分有效的建议和意见，而它们都来自那些智慧非凡的老师，因为他们在退休时都坐拥百万——想象一下，一位退休的老教师竟然可以成为百万富翁！

1. 制定并且严格执行理财规划

首先，我认识到了在生活中严格执行理财规划的重要性，因为我身为专业会计的朋友帮助我指明了规划方向。我相信你肯定也听过很多次类似的说法和道理。然而，在这里，这个简单的道理仍然值得我们再次强调。

制定并且执行一个合理的理财规划，让我能够在保持正常生活运转的同时，还能在理财的过程中存下一笔可观的养老金储蓄。我的理财规划并没有苛刻到我完全不能拥有任何娱乐活动，但是严格控制自己的消费让我能够为买房存钱，提前还完车子的按揭贷款并且完全没有负债。而随之而来的平静和安宁让我获得了身心的自由，并且让我能够更加专注于那些对我来说至关重要的事情。

2. 现金至上

现金为王这个道理，是我从与我共事的一名资历更老的教师身上学会的。他几乎用现金支付一切开销，而不是慢慢累积自己的信用卡账单。而最终的结果是，他退休时身家颇为丰厚。他用自己的行动向我展示了杜绝负债的重要性，这让我可以用自己手头的现金去购买那些会随着时间推移而逐渐升值的资产。当然，我没能够时时刻刻执行这个建议，但是一旦我没有按照这个建议行事，一定会在事后后悔不已。哪怕是现在，我也会为自己想买的东西存钱，当我存够之后，就会付现金购买，并且尽可能避免负债。因为这个做法，随着时间的流逝，也渐渐地让我过上了相对体面的生活。

3. 开始储蓄

要尽可能早地开始，并且尽可能多地进行储蓄。你将会很惊奇地看到自己的存款余额快速攀升。如果你想等到自己的收入足够可观时再开始为退休和养老储蓄的话，那就太迟了。我曾经共事的一位老师，身家达到了好几百万美元，虽然她和她的丈夫两人都是教师，并且终身未从事过其他的行业。他们到底是怎么做到这一点的？拿到工资之后，他们做的第一件事情就是为了未来而储蓄。无论他们挣了多少钱，他们都会将自己收入的10%存起来。

随着时间的推移，他们得以进行良好的投资并且妥善管理了自己的储蓄。与此同时还能够从事自己最热爱的职业。他们能够去悠闲地度假，能够买得起漂亮的房子，还能够开得起体面的车子，此外还能够勤勤恳恳地继续储蓄。在他们退休时，他们手上的现金、投资以及资产加起来价值总计超过了500万美元。我认识的另外一对教师夫妇也同样进行了储蓄，并且用这些储蓄成功资助二十多名家庭贫困的学生上完了大学。他们的储蓄也同样获得了良好的收益，也是值得的。

4. 如果尚能承受，找份暑假兼职

如果可能，可以打一份暑假临时工。作为教师，你有各种各样的方法和渠道可以挣到额外的收入。你可以给小孩或成人提供家庭辅导，可以为学校撰写课程资料，做课外活动的领队，教授一门大学课程或是从事任何其他可能的工作。我个人做过上述所有的兼职工作。或者，

你也可以选择做一些跟本专业完全不同的兼职工作。我认识的一位老师会在暑假的时候选择到汽车美容店去给汽车喷漆，因为这是他的兴趣爱好。另外一个老师会利用暑假兼职做瑜伽教练，因为她超级热爱瑜伽。无论从事什么工作或活动，在假期做一些兼职工作是挣到外快的好办法。你可以把假期兼职挣到的钱都存起来。很多我认识的教师都会这么做，或者你可以将自己通过兼职挣到的钱放到一旁，用来做一些特别的事情。我最近认识的一位教师在学年期间，每个周末都会兼职去做酒保，然后他把挣到的钱都存起来，到了暑假，就可以去法国徒步履行六个星期。

5. 提前规划好暑假的各项开支和花销

最后，一定要记得提前规划好暑假的各项开支和花销。在我刚刚从事教师行业的第一年，我太过专注如何才能够让自己顺利地渡过第一个学期，以致于我根本没有为自己的暑假做任何财务方面的规划。直到我的日历翻到了六月，我才意识到整个学年马上就要结束了——而且因为我没有事先将自己需要支付的所有账单都按照一年十二个月来规划，也没有将自己的工资收入平均成十二月来进行打理，我几乎是节衣缩食、饥肠辘辘地勉强过完了自己职业生涯的第一个暑假。但是，学校并没有告诉我的是，需要我节衣缩食、提前规划的并不仅仅只有暑假。很多地区实行延迟两周开学的政策，这就意味着有时候在你回到学校上了一个月班之后才可能拿到全额的工资。如果你觉得在没有任何工资收入的情况下熬完一整个暑假已经足够艰难和悲惨的了，那么可以想象和尝试一下在开学后的整个九月没有一毛钱收入的经历！

在吃过第一年的苦头之后，我开始提前为自己的暑假做好财务规如果你想等到自己的收入足够可观时再开始为退休和养老储蓄的话，那就太迟了。

划。我每个月都会预留出一部分的工资作为暑假和整个九月的费用基金以备支付这期间产生的各种账单。而且，我也开始提前寻找暑假兼职，这样等暑假真正来临时，我可以拿到第一笔暑假兼职工资了。而且我开始将自己度假的时间提前，这也能为我的暑假和没有收入的九月存下一些钱。小小的一些财务规划，就能够产生巨大的变化。在一个学年刚刚开始时，暑假看起来仿佛还是一个遥远的时间节点，但是它总是在你不经意之间就来临了。所以，一定要提前为暑假做好各项财务和支出规划！

我知道，作为新入行的教师，你在这个阶段肯定觉得不堪重负。你所有的精力都给教学工作消耗殆尽。你根本没有办法将工作从脑子里驱除。你将每一个意识清醒的时候都献给了自己的课堂和学生。不仅如此，还有无数的工作等待着你去完成。

每一天，你都感觉自己又一次清零重来了一遍。你希望可以将自己的工作完成得漂亮，但是这份工作看起来已经快要把你压垮了。

我向你保证，你可以在教学和学校生活之外仍然拥有自己的个人生活。你不用等到明年，也不用等到两年之后，当你可以随心所欲地掌控所有与教学相关的活动和工作之后，现在，此时此刻，你就可以拥有属于你自己的私人生活。而挤出时间来安排自己的私人生活，对于你自己以及你的学生来说，都至关重要。

第三章

如何甄别与应对糟糕的建议

You Can Smile Before Christmas

What to Do with Bad Advice

在你刚刚开始参加教学工作时，每个人都乐于给你提出各种各样的建议和意见，例如：

"在圣诞前之前不要对学生笑，这样他们就会知道你是个严厉的老师，就不敢占你的便宜了。"

"一开始，你一定要严厉。但是在接下来的学年中，你可以稍稍变得和善一些。"

"你一定得让学生知道，你是一个说到做到的严厉老师。"

"你要做的就是……"

在你刚刚参加教学工作时，他人给你提出的这些建议都有一个共同的问题，即所有这些建议看起来都十分合理，尤其是当你还是一个菜鸟老师并且仍然处于业务摸索阶段时。在你获得更多的教学经验之前，你无法意识到这些建议实际上都是极为糟糕的建议。所以，在与诸位分享一些我曾经接受过的最糟糕的建议之前，我需要先向大家展示一下如何在这些糟糕的建议出现时，将它们辨别出来。下面是一些筛选和辨别的原则：

1. 糟糕的建议总是会让你感觉更加糟糕，而不会让你感觉良好。
一般来说，你只有在困惑、挣扎或纠结的情况下，才会寻求他人的建议。而如果他人给出的建议不仅没能给你带来任何的希望，而且不能让你感觉更好一些，那么这个建议并不能为你提供任何帮助。作为新教师，你将会犯错，并且时不时需要他人来帮助你纠正自己的错误。但是如果他人给出的反馈或建议除了让你觉得绝望之外没有任何帮助，那么这些建议就不是什么有效的建议。因为，哪怕是负面的评价或反馈，也应该具有建设性的效果。如果负面的评价或反馈没有起到任何建设性的效果，那么它们就只能被认定为糟糕的建议。

2. 糟糕的建议的重心总是围绕提出建议的人，而非接受建议的你。
有的时候，有些人十分热切地给你提供建议，但并不是因为他们真心想要帮助你解决困难，而是因为他们想要炫耀和吹嘘自己做得有多好。好的建议总是围绕寻求帮助的那个人来提出的，哪怕给出建议的人会时不时地从自身的成功经验中选取一些例子来帮助你，这些经验的分享目的也仅限于解决你的问题。而糟糕的建议从来都与寻求帮助的你无关。

3. 糟糕的建议往往是那些你没有办法立刻上手去做的。有的时候，如果你没有办法立刻开始实践这些建议的话，哪怕是良好的、有益的建议也会变成糟糕的建议。如果他人提出的建议无法融入你个人的教学风格，或是它只能等你变得更有教学经验后才能使用，抑或是要求你做出一个在目前阶段完全没有能力做出的巨大转变，那么这些建议对现阶段的你来说，就成为了糟糕的建议。

4. 糟糕的建议会让你感到困惑，不知道如何有效施行。很多好心的教师都会给你提出有益的建议，来指导你在教学和课堂上的做法。他们可能会这么说，"你必须得让你的学生明白，你才是那个拥有掌控权的人。"这个建议有可能是个不错的建议。但是，我要怎么做才能实现这个效果？他们或许还会说，"你需要设定并执行清晰明了的日常教学安排。"没问题我可以执行，但是到底要执行的是什么样的教学安排？如果人们给你提出了建议，但是却没有帮助你找到将这些建议用在你的课堂和你的学生身上的办法，那么这些就都是糟糕的建议。

常见的糟糕建议示例

下面列举了一些常见的糟糕建议，同时本书也会为你提供相关的应对策略和方法。

糟糕建议1：你需要彻底推翻自己现行的教学方法。

无论何时，当你在教学的某个方面陷入困境时，你总是试图采取激进的方法和手段来全面改进自己当前的教学方法。事实上，你的教学指导老师或是任何一本教师指导手册，可能会建议你"彻底颠覆"当前的教学手段和方法来解决面临的困境。哪怕这个建议确实是你当前困境所需要的，你也不太可能一夜之间就实现推倒重建的效果，或是你实际上根本不需要那么彻底的转变。

我承认，我碰巧也喜欢并期待看到彻底颠覆教学方法后的大团圆结局。真心愿意相信这样的颠覆能够像童话故事那样，产生魔法般的效果——无论你面临的问题有多么艰难，我们所需要的仅仅是一个教学小仙女的及时出现，挥动她神奇的魔法棒，然后所有的问题都能够迎刃而解，并且教学效果也能够神奇地变得更好。

但是现实往往无法这么令人激动人心。因为事实就是，能够真正转变和改善你的教学效果的往往不是那些能够带来明显变化的巨大转变，而是那些点点滴滴的小调整、小变化。每一次，只要我试图在自己的教学方式或方法上实践一次重大变革或是彻底的颠覆——或是在有必要的情况下，对他人的教学模式或方法进行颠覆——我唯一能够获得的结果就是不得不处理一团糟的烂摊子。试图一步到位的解决所有问题通常行不通；它只会给你带来新的麻烦和问题。

多年的教学经验和从业经历让我明白，处理任何与教学相关的问题的最佳方法就是先花时间搞清楚问题的根源何在。然后将所有的精力都集中在解决根源问题上，不要试图一下子解决所有的问题。

举个例子，我曾经有一段时间十分苦恼于如何上好高年级学生每天的最后一节课。他们都是高年级的学生了，而且都已经通过了毕业考试。我没有办法要求他们将精力集中在学习上，也很难让他们交齐作业，或是让他们在课堂上完成随堂作业，甚至全班学生到齐上课都变成了一种奢求，各种各样你能够在高年级学生身上想象得到的问题都出现了。而且，他们根本不愿意听从我的指令和建议。我尝试过所有可能获得解决办法的途径——阅读了好几本教学指导书籍、跟同事交谈和交流、反复的回顾和反思自己的课堂记录和学生评价——但是，没有一个方法能够奏效。最后，有人建议我干脆将自己目前所用的教学方法全盘推翻。我当时十分绝望和无助，然后我想着为什么不试试呢？我花了一整个周末的时间来设计自己"全新的教学策略"。然后到了周一早上开始实践。让我们一起来看看彻底推翻后的教学效果。

到了上第七节课的时间，我站在教室门口等着学生们来上课。学生基本到齐之后，我站在走廊上向他们宣布了今后将采取不同的教学方法，并且向他们解释了全新的规则和教学的流程。然后我才让他们进到教室里来。他们闹哄哄、推推搡搡地进了教室。因为他们无组织无纪律的行为，我要求他们全部站起来，退回走廊上，重新安静地按次序进入教室。学生们都站起来然后回到走廊上。这个方法竟然奏效了！我感到十分激动。在走廊上，我再次向他们解释了新制定的规则并让他们进入教室。结果他们还是以吵吵嚷嚷又乱七八糟的状态进入教室，于是我再次要求他们全体起立回到走廊上去。

你肯定已经猜到了接下来的结果，对吧？没错，学生们将这当成了一个游戏。不停地进进出出教室对他们来说，远比象征性地打破麦克白小姐古板的洗手规矩要有趣得多。所以他们不断地故意违反我制定的规则，因为他们知道我一定会要求他们重来一遍。在来回折腾了四五遍之后，我放弃了。

对于其他新出炉的规则，他们采取了同样的做法，直到彻底击败我新鲜出炉的整个教学系统。这个结果，让我彻底灰心丧气了。

当我向自己的教学指导员倾诉时，他忍不住笑了起来。"不要嘲笑我！"我向他抗议，"我简直是丢死人了。接下来该怎么办我完全没有头绪啊！"

他将手放在我的肩上，然后对我说，"这些荒谬的方法永远都不可能奏效的。我很高兴你在实践一天之后就得到了教训，而不是在实行你这个'全新的教学方案'一周之后。"（他完全照搬了我的说法。）"罗宾，这对于学生来说，太过火了。就好像是用大锤来捶跳蚤似的。"

"不是这样的，"我摇头否认，"这是个严重的大问题，我当然要出重拳来解决它。我采取的方法可能没办法奏效，但是我肯定需要一些重大的转变和举措。我不能总是忍受学生这些问题行为，然后什么都不做吧！"

"是谁告诉你需要采用大举措和大变革才能解决问题的？"他继续挑战我。

"拜托，"我难以置信地看着他。"这门课简直就是一场灾难。"

"为什么？"

我一项一项细数学生们的问题行为："他们一点都不听话、他们根本就不做作业、他们一点都不尊重我、他们也拒绝做家庭作业，类似的问题我还可以无穷尽地列举下去。"

"那为什么他们不愿意在上课的时候完成课堂作业或是认真听讲呢？"

"我不知道，"我恶声恶气地说，被他一连串的质疑搞得十分崩溃，"你打算告诉我说这一切都是我的错吗？"

"不，"他摇了摇头，"但是我觉得，在你尝试所有这些全新的、激进的教学改革措施和解决方案之前，你是不是应该先搞清楚你到底要解决的是什么样的问题？"

这个问题让我严肃地沉默了好一会儿，然后我尴尬地承认，"我不知道要怎么做。"

随后，他向我展示了正确的做法。我们一起讨论了这个班级中存在的那些让我十分沮丧和崩溃的问题。我们一起从各个角度来分析每一个存在的问题。他要求我回忆一下，自己的学生在哪些情况下会显得异常不配合，甚至要求我回忆学生们身上存在的任何"闪光点"，因为在这些时候，他们确实完成了作业。逐渐地，一个有效的教学模式在讨论的过程中慢慢成型了。

当作业得到精心安排和系统组织时，我的学生们最有可能会乖乖地完成这些作业。一旦学生感觉到我的教学方案或是我的决心中存在哪怕一丝丝的瑕疵或动摇，他们就会反叛我的决定。但是，能够获得学生热烈响应的并非严厉的纪律约束或是惩罚手段——他们愿意配合，更大程度上是因为教学的规划做得十分合理。他们需要知道自己参加的课程有实际的学习目标，清楚的教学规划以及明了的教学预期，只有这样他们才会愿意参与并完成作业。其他班级的学生可能会允许我有一些变动或调整的空间，但是这个班级的学生们要求课堂上的每一秒都得到预先的良好设计和规划。

获得了这个全新的领悟之后，我在自己管理班级的方法上做出了一些细微的调整和改进。首先，课前热身活动在每天学生踏进课堂之前就准备好了。课程开始的整整五分钟之后，我会结束课前热身活动，并且按时将他们的作业收上来。然后，我需要确保每一天的课程都按照同一个流程来设计和开展，每个操作流程的时间控制几乎精确到秒。一旦我动了偏离计划或是一时兴起的心思，我会立刻镇压自己的想法。我的学生需要既定的精心安排和系统的组织来保证学习注意力的集中。

你应该注意到，我并没有在自己的教学实践上做出什么重大的变革或改进——这个班级教学流程的设计和安排与我在其他班级的实践几乎一致。

我所做的只是在每天最后一节课上将这些既定的教学流程变得更加紧凑，因为这就是这个特殊的班级和学生所需要的东西。

　　所以你要明白，哪怕是处理教学中最重大的问题或挑战，你也很少会需要用到一个十分激进的全盘推翻或是彻底颠覆的策略。实际上，作为曾经为成百上千的教师们提供过教学支持和服务的教学指导员和培训员，我从未见过任何老师能够通过极端或激进的全盘推翻或是彻底颠覆的做法获得良好的效果。当然，很多教师确实需要在自己的教学实践上做出较大的改变和变革，但是，无论何时，一旦他们尝试一次的实践多于一处或两处调整，他们的实践就会遭遇失败。我的经验就是，你需要每次做出一项调整，花时间来让自己和学生都适应这个调整，然后再开始下一项调整的实践。随着时间的推移和累积，你将能够实现整体的较大改善和提高，但是这个巨大的变革需要一步一步从小处做起，循序渐进地进行。

　　糟糕建议2：你需要掌握一系列的教学秘诀。

　　长期以来，这个建议被很多人奉为颠扑不破的教学真理。的确，每一位教师都需要掌握一系列经过实践检验的行之有效的教学策略、教学活动以及课堂设计模式。但是，即便我个人十分不情愿告诉你这个残酷的现实，也不得不说在某些程度上，你掌握的教学秘诀正是导致你教学失败的原因。如果我们盲目照搬这些所谓的"教学秘诀"并且将其套用到自己的学生身上，我们不仅严重损害了学生的利益，还给自己的教学改革帮倒忙。来看看这个结论怎么来的：

　　过度依赖教学"秘诀"的使用导致我们无法形成一套能够全面发展的教学方法。因为这个做法只会让我们专注于如何从自己已经掌握的教学秘诀中找到一个适合课堂的秘诀并直接使用，从而忽视了一系列对实际教学活动起到指导作用的教学理念的发展和实施。举个例子，如果我现在要解决一个学生上课分心的问题，那么按照前者的做法，我应该立即从自己已经掌握的教学"秘诀"中将"提问该学生回答问题"这个秘诀抽出来加以运用以解决眼下的问题。而这个秘诀，在某些学生身上可能会取得不错的效果，但是却可能招致其他一些学生的反击或抵抗。但是，如果我能够采用"从学生的角度出发"这个教学理念来引导这个问题的分析解决，我可能会首先努力找出这个学生不愿意听课或课堂上分心的原因，然后再寻求一个解决这个问题的"教学秘诀"。通过运用有效教学的相关理念来指导自己的教学，能确保你正确地回应并满足每一个学生的独特需求。

此外，过度依赖教学"秘诀"的使用也会限制教师个人能力的发展。我个人最喜欢的一个描述就是，"如果锤子成为了你会使用的唯一一种工具，那么你面对的每一个问题看起来都会变成钉子。"这就是过度依赖教学"秘诀"的使用会造成的最严重问题。如果你仅仅掌握了几个教学秘诀，那么你就会倾向于用这寥寥数个教学秘诀来解决学生和课堂上出现的所有问题。一旦你遭遇任何新的挑战或是问题，而且你没有什么方法可以解决，那么你会依然试图用自己已经掌握的旧方法去解决，无论这些方法或秘诀是否是解决该特定问题或情境的最佳方法。

我曾经十分努力地丰富自己手上的教学秘诀。我积极参加各种教学研讨会并在公文包里塞满了所有从这些研讨会拿回来的资料。

我会大量阅读与教师培训或指导相关的书籍，笔记记了满满几大页。我会突然袭击地借阅每个教师的文本和资料，看看自己能不能找到新的活动设计、教学策略或是课件底稿等等。我的文件箱里实实在在地塞满了各种各样的教案和策略，塞满了我认为很有创意的课件底稿，以及那些我希望自己有一天也可以布置给学生的作业。

几年之后，我积攒了相当可观的有关教学秘诀的资料和素材。而最大的问题就在于我将所有的时间都花在了四处搜集这些教学秘诀和方法上，以致于我根本没有时间来思考这些收集到的教学秘诀或手段要怎样才能融合到我个人的教学安排中去、怎样才能够匹配我个人的教学风格、怎样才能够满足学生的学习需求。有的时候，我会随意将一个我个人认为十分有创意的教学策略插入某节课堂的教学实践中去，无论这个策略的运用是否合理。而其他时候，我则会固守自己的教学风格而将教学策略和秘诀完全抛之脑后，但是在课程结束之后却严厉地责备自己，因为我发现一沓本可以完美运用到这节课上的资料，但是我却完全忽视了。

"一系列的教学秘诀"本身并不会给你带来神奇的教学效果。没有什么神奇的教学策略可以适用于任何教学情境并满足所有的教学需求。教学秘诀的运用能否取得成功，很大程度上并不会取决于你怎么用，而是取决你怎么思考，思维的转变才是确保你获得最佳教学效果的唯一方式。你需要花时间来了解为什么有些教学技巧能够生效，而有些则是完全无效的。将你的注意力放在分析每项具体策略背后的教学理念上，而不是仅仅关注具体教学策略的运用。与其专注于如何获得更多或更好的教学秘诀，你更应该专注于如何更好理解有效教学方法背后的教学理念。

你需要明白，教学效果并非来自你所运用的某个具体教学策略，而是来自于这些教学策略背后的教学理念。只有当你明白这个道理之后，你才有可能掌握和有效运用各类教学秘诀，满足教师个人和学生

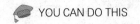

在教与学方面的需求。

糟糕建议3：你只是需要更加努力地工作。

教书育人是一项艰难的工作，尤其是对那些刚刚从事教学工作的老师来说尤为如此。你很可能已经在拼命努力地工作了。所以当其他人告诉你，解决你在教学初期面临的各项问题和挑战的解决方案就是更加努力地工作时，你很容易就会觉得灰心丧气。

我相信，大家都听过这样一个建议，即"更智慧地工作，而不是更努力地工作。"但是当你已经在拼命工作时，要找到智慧工作的方法看起来十分困难。我还记得自己曾经见过一位刚刚入行的三年级教师，她应该是我所见过的工作最拼命的一位老师。这位名叫凯莉的老师每天到的最早，走的最晚。将周末所有的时间都花在备课上。每当她面临一个新的教学挑战或是遇到了一个很难相处的学生，她就会选择重新设计教学方案或是安排额外的学习辅导。她的课堂教学效果很好，而且她的教学主管和同事都认为她很有发展潜力，虽然这些人偶尔也会好奇凯莉到底哪里来的这么多精力和能量。学生家长们都很喜欢她，她的学生们十分敬仰她，而她看起来也正在成为一名顶尖教师。

我和凯莉的第一次会面发生在我在她所在的小学举办差异性教学工作坊期间。她坐在工作坊的最前排，做了很多页的笔记并且提问了很多见解十分深刻的问题。我能看出来，她十分迫切地想要学习，并且会立刻将自己在工作坊上学到的教学技巧运用到课堂上。

当我在早上的工作坊进行过半时，发现凯莉崩溃了，我十分震惊。我讲的越多，她看起来就越是焦虑不安。不得已，我要求大家休息几分钟，然后走到她的桌子前面，询问她到底出了什么问题。

"你还好吗？"我十分担忧地问她。

她点了点头，迅速地悄悄抹干了自己的泪水。

"我是不是说了什么让你难过的事情？"我问她，稍稍觉得有点不对劲。

她摇着头，深深吸了一口气，并且试图尽快地振作起来。

"我们出去到走廊谈谈吧。"我向她建议。

她跟在我的身后来走廊。我等了一会儿，直到她平复了自己的情绪。终于，她开口致歉，"对不起，我也不知道自己到底是怎么了。"

"我到底说了什么让你如此伤心？"

她着急地摆着手，"没有。绝对没有。我挺好的。"

"我肯定是说了什么勾起你的伤心事了。我到底说的是什么？"我一再强调。

她深深叹了一口气，试图挤出一个笑容。"你说到教师无需为了实现差异性教学而拼命设计不同的课程或是教学方案，这让我没忍住泪水。"

"这句话为什么会让你难过？我说这句话的时候，本意是让教师们放松自己，从繁重的备课任务中解脱出来。"我向她解释。

"不是的，您理解错了。我并不是不认同您的观点和说法。我能理解您的意思。"她迅速肯定了我的说法，"事实上，我在过去整整一年中，每一节课都要设计三套到四套不同的教学方案。事实上，我刚刚花了两个星期的时间为学生设计了三套不同的科学实验课方案，写完了三套完全不同的实验指令，并且完成了教室中三个不同实验台的设计。我以为自己是个负责任的好老师。而今天你告诉我根本没有必要同时设计三套不同的科学实验方案。只需要设计一套实验方案然后实施区别性操作就可以。我真是拼了命地工作。我之所以难过是因为我再也找不回自己浪费的那两个星期了。"

凯莉曾经坚定地相信为了成为一个优秀的教师，她就需要玩命地工作。所以她每天都拼命工作，而且她的辛勤工作也获得了丰厚的回报。她很成功地教育了自己的学生。但是同时，她也把自己搞得精疲力竭。当忽然之间发现有一个更好、更容易的方式来实现那些她试图通过拼命工作来实现的教学效果时，她觉得自己背叛了自己。

作为一名教师，你肯定要努力地工作。这就是教师这个行业的本质要求。但是，总是有一个更加有效、更加简单的方法来完成大多数工作。仅凭努力工作是不够的；你只有将精力放在对的事上努力工作才可能获得理想的效果。

糟糕建议4：你只需要……

每当你听到以"你只需要……"这样的句式开头的建议时，你就需要格外地小心。因为很显然，你即将接受的这个建议是一个十分草率的解决方案或结论，通常只对提出建议的人有效（也可能会无效），而且不一定适合你。因为这样一个句式通常意味着轻率的结论。它会将你所面临的困境过度简化而无视所有的细微差别。

在解决教学问题或挑战方面，没有所谓的速战速决的解决方案。没有所谓的神奇策略或是魔法方式。那些在其他教学实践中取得了绝佳教学效果的方法或策略不一定适用于你的课堂。任何以"你只需要……"这样的句式为开头并为你提供建议的人，肯定没有试图花时间来了解你的真实处境，你的教学风格或是你的课堂存在的各种独特的细微差别。

　　我曾经有一位朋友，在从事多年的写作和电影制作并大获成功之后，决定转行成为教师。她报名参加了一个研究生学习课程，并严格要求自己的学习，确保自己可以成为一名顶尖的教师。但是，在她得到聘用并且开始给学生上课之后，她发现自己陷入了各种各样的困境之中。她向自己的教学指导员和教学主管寻求帮助，而且他们也给她提供了各种各样的建议——但是大多数的建议和意见没有产生任何效果。她的几位同事也积极踊跃地为她提供建议，但是同事们提供的大多数建议根本不适用于她的现实情况。有一次，她跟我说起自己的一位同事。这位同事提出的建议是："你只需要说到做到就可以了。你必须要说到做到，这样才可以建立威信。"

　　"你在跟我开玩笑吧？"她难以置信地反问那位同事，"我一直都是说到做到的呀。"

　　这就是以"你只需要……"这样的句式开头的所有建议的一个通病。一般来说，省略号中填补的内容并不会成为你需要做的事情，因为给出建议的人在提出类似建议的时候，本质上只是提供了一些非常皮毛的解决方案。

　　最佳的教学建议将会考虑到教师个人的特点，学生的特点以及教师想要达成的教学目标。提出建议的人会一直挖掘，直到找出你所面临的问题根源，然后才会跟你一起确定有效的解决方案。好的建议从来都不是有关于什么方法对"我"的教学有效，或对其他人的教学有效，而是关于什么才能真正对你的教学有效。

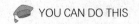

糟糕建议5：假装自信，直到获得成功！

市面上很多教学指导书籍会建议你通过掩盖和假装自己的真实性格来获得教学上的成功。这些书籍通常会建议你必须"假装自信直到获得成功"，无论这是不是意味着你需要假装喜欢那些你讨厌的孩子，或是意味着你需要在自己一知半解的领域不懂装懂，还是意味着你需要在同事或教学督导员来检查你的教学时假装成专业且充满激情的状态，假装都存在一个致命的问题：纸是包不住火的，你的本性迟早会显露出来。

在我刚刚从事教学的前几年，我经常试图假装。我十分紧张时会假装自己很自信。如果我不知道学生提出的问题答案是什么，我会编造出一个所谓的正确答案来应付。我以为自己成功地唬住了学生，但是我并没有。他们很快就看穿了我的本质。

有的时候，他们甚至会当面拆穿我的假装。

有一次，我正在引导十一年级的学生们展开讨论，一个学生就我们正在阅读的书籍提出了一个问题。我现在已经想不起来到底是什么问题了，但是我却深深地记得自己被提问时恐慌的心理。因为我根本就不知道正确答案是什么。

但是，我没有勇敢承认自己并不知道正确的答案是什么，我自己捏造了一个答案。

那个提问的学生接受了我的答案，并且老老实实地把我的答案写到了自己的笔记本上，但是另外一个学生说，"你根本不知道正确的答案，对吧？"

我当时就深感羞愧。但是鉴于我已经走上了"假装知识渊博"这条不归路，我不得不硬着头皮坚持下去。

"你说什么？"我难以置信地问回去。

"你刚刚肯定是捏造了一个答案。"他毫不示弱地反驳了回来。

我试图通过表达自己的愤愤不平来转移学生们的注意力，我说，"听着，当我们在探讨文学时，我们需要将自己掌握的所有知识都投入到讨论之中。你不一定需要同意别人说的观点，但是每一个参与讨论的人都有权利来发表自己的看法，只要他们能够找到论据来支撑自己的观点。与其攻击我的观点，你何不跟大家分享一些你的观点和看法呢？"

那个学生坐回自己的椅子上，并且在接下来的时间里，一直皱着眉头看着我。我赢了这次争论，却失去了学生对我的信任。这肯定不是我作为一个教师可以感到光荣的时刻。

很多年后，当我再次回顾当时的事件时，我总是不禁在想，如果我当时就十分坦诚地承认自己不知道正确的答案，又会有怎样的结果。那段对话会不会变得更有意义和深度？而我如果能够不假装，并且坦诚承认自己并不知道正确答案，我又能够教会提问的学生哪些道理和知识？

我能够理解为什么有人会建议你在获得成功之前一定要假装。当你感到紧张、害怕或是不确定时，假装自信或确定，比起直接承认你不知道答案，在学生面前表现出你知识的欠缺要好得多，因为你觉得一旦你的学生察觉到你的弱点、你的真实面貌，他们就会占尽你的便宜并将你生吞活剥。但是知识的欠缺并不等同于性格的软弱。知识的欠缺，如果运用得当，反而能让你在与学生的相处中占据一个有利的位置。

知识的欠缺让你的学生感到你的真实。这些欠缺能够让你处于一个谦卑位置并表现出真实的姿态。你向学生展示了老师并不一定会知道一切问题的答案并且邀请学生们跟你一起找到解答。当你承受着在课堂上被学生挑战的风险时，你也能够通过自己这样的举动来成为学生的榜样，让他们知道，自己也不一定非要成为一个无所不知的人。

看起来无所不知的教师权威很容易被动摇和击溃。这样的权威和信仰很容易就崩塌。这样的权威地位充斥着恐惧以及隐藏自己弱点的虚伪和胆怯。这样的权威是不真实，也是不现实的。

而敢于暴露自己的不足，勇于接受课堂上被学生挑战的风险，这样的教师权威才是真实的、可靠的并且是能够持久的。这能够帮助你获得学生的尊重。这个过程肯定会让你觉得痛苦，但是如果你想要在课堂上真正让学生学到东西，并且实现真正有效的教学效果，那么这样一个痛苦的过程却是必不可少的。

假装能够让你逃避那些令人不爽的现实。但是勇于暴露自己的短处，却能够逼迫你去主动面对这些不适的感觉并最终掌控它们。假装能够让你逃避的那些风险，本质上就是教学本身。而主动暴露自己的短处则更多的鼓励你去承担这些教学的风险。当你的学生们看到你每一天都在努力应对各种教学挑战，并且从中学习经验教训，一天比一天表现得更好，更加擅长教学，他们也能够从你的身上，从这个过程中学到一些至关重要的东西。他们将会明白原来自己主动承担风险也是可行的，他们将会知道你的课堂是一个适合学习的地方，因为他们可以学习，可以犯错，但是永远都依然有机会重新尝试。学生们也将意识到显露本性，做真实的自我是可以接受的，因为他们看到了身为老师的你展示出来的真实自我、真实的本性。

纵观本章全部内容，我一直都在不断地反复强调找到自己的教学之路的重要性，展示自我的重要性——展示最真实的自我和最佳的自我，以及形成自己独特的教学风格，掌握自己独有的教学方法的重要性。我花了大量的篇幅来说明这些因素为什么至关重要，并分享了一些如何找到这些教学层面的自我和特色的建议和意见。但是我没有告诉你的是这个寻找和培养的过程到底有多么艰难。

如果你是一个刚刚入行的新教师，你现在可能正在接受来自各个方面的诸多支持和建议。事实上，你有的时候会觉得五花八门的建议实在太多以致于你根本不知道听谁的好。每个人看起来都特别了解你到底需要做些什么，才能获得教学上的成功，赢得学生的认可。

正是因为这些海量的建议和意见，你甚至发现想要找到自己的方向和风格变得愈发艰难。你的教学主管告诉你应该这么做，但是你的教学指导员却给你指出了另外一种解决方案；你的教师同事们插进来提供了第三种可能性。甚至是你那些不懂教学的朋友也开始给你提建议，你的家人也学着给你列举各种教学点。每一个人都对你的工作有着自己独特且有理有据的看法。

雪上加霜的是，有人给你送来一本厚厚的教学指导书，上面给出了一个教学行动方案并且使教学活动看起来就是小菜一碟。你可能会尝试着上网搜索有用的建议和意见，然后被网上海量的教学建议弄得晕头转向。想要辨别到底哪些建议应该采用，想要搞清楚应该听从谁的指导，想要弄明白到底哪些做法才能真正对你有效，变成了一项不可能完成的任务。

而我的建议是：在某些时候，你只需要听从自己的直觉。

虽然这个建议听起来像是陈词滥调，但是我却发现极少有新教师能够做到这一点。你听从了每一个人的意见，却忽视了自己内心的声音。你甚至可能根本不相信自己掌握了足够多的知识让自己有足够多的资本来产生直觉。你想要确保每一件事情都做对了，或是你觉得自己有责任和义务要按照教学指导员要求来开展工作，因为只有这样你才能够得到很好的上级评价并且保住这份工作。

但是最初几年的教学经历至关重要并不仅仅是因为你需要在这个阶段学会如何成为一个好老师。你同时也在学习如何去培养和形成你的教师直觉——这是所有顶尖教师都拥有的一种教学第六感。这种第六感能够帮助他们决定在某种特定情况下到底应该怎么做才能帮助自己的学生实现最佳的学习效果。如果需要听从他人的建议和指导而让自己的直觉被埋没，那么你就永远都不可能培养和发展出作为一名教师的直觉。

归根结底，学生和课堂都是你的学生和课堂。没错，你需要达到某些特定的标准，你需要满足特定的考核要求或是评价标准才能够保住这份工作，你需要将学生的考试成绩提高到特定的分数线，并且还同时面临着来自学生和家长的审视和检验。我并非建议你在教学上我行我素并且无视教学督导员的期望和要求。我也并没有建议你无视其他人的所有建议和意见。有一些建议确实十分有效并且能够在长远的未来帮助你。我想表达的仅仅是你应该将接收到的每一个细微的建议，基于你对自己学生的深刻了解，结合你自己正在发展、培养和成型的教学风格来审慎的筛选和调整，然后再做出对学生最好的选择和决定。

我的一位朋友经常在自己的工作坊上说的一句话是，所有参加工作坊的人都应该在调整后使用而非原封不动地套用建议和意见。在这一点上，他的做法和建议是正确的。处理建议和意见的最佳方法，无论是好的建议和意见还是糟糕的建议和意见，就是用自己的直觉来衡量和判定它，然后将其进行调整和改变，让其成为能够真正对你的教学有效的建议和意见。

第四章

如何有效备课与进行教学设计

You Can Design Great Lessons

What to Tackle Planning

我第一年的教学经历实际上是从当年的一月开始的。因为我在开始教学工作之前决定先上研究生拿到硕士学历。我在12月时结束了自己的研究生学习之后，从当年的一月份开始直接上课。我参加了几个学校的面试，并最终得到了一份工作，主要负责教授十一级和十二级学生的英语。英语教研组组长决定在学年内退休，除了提前告知自己的几位同事好友和自己的顶头上司之外，并没有提前告知自己的学生及其他人。然后他在某个周五直接退休离开了，我接替了他周一的课程。

　　这份工作上班的第一天正好在期中考试期间，当其他英语老师都在忙着监考和给学生判卷的时候，我有幸得到了一点缓冲的时间来熟悉自己的学生并深入了解课程的安排以及与教学大纲相关的信息。我当时要负责三个预科班的英语教学，分别是——11年级优等生英语班、11年级普通英语班以及12年级的英语班。当时，我手上并没有什么成形的教学大纲，也没有很多相关的教学资料可用，准备退休离开的前领导给了我三个文件夹，里面塞满了年代久远的油印版备课课件，还给了我几本教材，然后祝我好运。

　　我当时根本不知道自己到底要怎么做，要做些什么，在整个外语组里，我也不知道自己应该去找谁咨询或接受指导。虽然我在本科教学专业曾经学过如何设计一份教学课件和教学大纲，也曾经在自己的研究生学习阶段给老师交过那么一两个单元的备课课件及备课大纲，但是，在那个实战的时刻，我意识到自己其实完全不知道如何开始备课。我忙忙碌碌地一直在复印自己头一堂课可能需要发给学生的各种材料，并且将好几节不同课程的设计方案七拼八凑地整合出一个雏形作为应付第一天课程的方案。

当第一天的课程结束之后，我感到深深地放松，因为孩子们好像并没有意识到他们新来的老师其实连自己上了些什么都不知道。后来，有人给了我一本备课指导书，我立刻就放弃了自己精心设计并打印出来的长达三页的备课方案和教案，然后每天晚上都会参照这本备课指导书，在自己的备课本上为第二天的课程潦草地写上寥寥几笔备课方案。虽然我尽可能地实现了比孩子们超前熟悉几页教材，但是我基本上就是在走一步看一步地做着一些漫无目标的教学。有的时候，我能够设计出教学效果特别好的课程，但是很显然这样的理想效果不会持续性地出现。我会在所有的课程内容都准备好之后才开始写教学目标，或是先备好一门课，然后再找到那些看似与其相符的教学标准或要求，然后将这些标准及要求套到自己完成的备课方案里去。有的时候，我会将一整个单元的学习内容和主题围绕自己看到或读到的最喜欢的某本书籍或是某项自己感觉十分有创意的活动来设计，在完成之后，才会将这些教学的内容和设计尽可能作调整，以便符合教学大纲和教学标准的要求。有的时候，我甚至会盲目地遵循教学大纲的指导或是要求来进行教学，根本不愿意花心思去考虑这些教学大纲为什么会这么设计，以及它们为什么或是怎么样能够让学生的能力及学习水平满足教学标准的要求。大多数时候，我只是努力在保证自己能够交差。

坦白说，我在自己教学生涯的前几年都是这么过来的。而且，我可以从过来人的角度奉劝你，这样的教学模式其实十分地费劲，很容易就让人精疲力竭。直到我参加了一个暑期的教学工作坊，学习了备课相关的方法和知识之后才真正了解到如何成功地有效备课。当我将这段经历形容为一段改变人生的经历时，相信我，我真的一点儿都不夸张。首先透彻分析每个单元的教学目标和内容，然后在每节课程的准备过程中专注于实现单元教学目标，从而使我的教学重点变得更加鲜明和集中。不仅仅如此，这样的备课方法和教学准备立刻让我的整个教学过程变得更加顺畅、连贯和有重点，也立刻让我的学生们在国家教育评估测试中的成绩明显提高。

我相信大多数新教师在这个阶段都正在挣扎着理解教学标准、基准测评要求、核心课程设置等教学相关的要求和标准。你可能已经完全被掩埋在小山式的教学及课程文件中，或是完全被各式各样的课程架构搞得晕头转向。你可能正在努力试图区分一个总领型教学标准和一个教学次标准之间的差异，同时正在努力设计能直接与这些标准挂钩的教学测试和教学课件。也很有可能你得到了科室下发的教学大纲并且要求你严格执行，不存在任何可供你调整或变更的余地。也很有可能你还面临着阶段性地区水平基准测试的考验，担心自己的课程设计是否足够有效。或者，你每天晚上都要花上好几个小时的时间来精心设计和准备教学方案和计划，确保自己的备课方案能够符合地区推荐的备课方案或模板的要求或与其保持一致。

每节课程的设计以及每个单元的学习和教学规划都充满了各种各样的挑战。但是无论你面临的挑战有多么艰巨，你可以设计和规划出效果绝佳的单元和课程的教与学方案。下面我们一起来看看如何做到这一点：

首先要问为什么教

我曾经问过教师们的最难回答的一个问题就是"你为什么要教这些？"在大多数情况下，最诚实的回答就是"我实际上并不知道（自己为什么要教这些东西）。"但是，如果你根本不知道自己为什么要教授这些课程，你就不可能真正教得好。

在你刚刚从事教师行业时，想要立刻明白"为什么"自己要教授这些知识并非易事。一开始你会忙着搞清楚所有的"是什么"的内容——例如，教授的是什么内容、使用的是什么材料、要参加的是什么样的评估测试、可以使用什么教学设施等教学相关的具体内容和信息。但是，花时间来弄清楚，至少在全局上弄明白为什么你需要教授这些课程，是搞清楚教学的内容和方法的第一步骤。

正如我在开篇提到的那样，我是在学年中期开始教学任务的。所以我在上第一次课之前只有三天的时间来消化课程相关的教学大纲，设定诸多信息及要求。我只有短短三天的时间来完成来自两个不同年级的三个预科班的英语备课任务。鉴于我完全不知道从何处着手，从何处开始，我选择了自己认为最佳的切入点及策略（一些与我自己在学生时代教授过的课程相近或类似的课程内容及教学设计），然后基于这些信息和框架开始备课。对于我来说，在刚刚开始接手教学的前几个星期内，主要任务就是在教材的熟悉程度和准备程度上领先于自己的学生，确保学生每一天都有事可做。我向自己保证稍后一定会搞清楚教学大纲到底有什么目标。

我现在真是希望自己当时能够从为什么这个方面着手。因为如果我能这么做，我从事教学的第一年就会轻松很多。不幸的是，直到我从事教学工作三年之后，我才终于意识到"从问为什么教"开始的重要性。因为我们地区的教育局在课程设置及教学大纲和要求上作出了一些重大的变革及调整，为了满足地区教学的相关规定和要求，我不得不几乎全盘推翻和摒弃了过去一年半的教学积累。

在当年的暑假，我参加了一个时长两个小时的教学工作坊——就是我在前文中提到的那个改变我人生的教学工作坊。这个工作坊的发言人谈论了如何带着教学目的来备课。他还谈到了在每个单元的课程之前，理解和掌握该单元最本质教学目标的重要性。我瞬间就被他的说法迷住了并得到了极大的启发。当晚我在回到家之后，拿出自己新制定的一系列课程设置和教案设计，试图梳理和找出其中存在的对教育和教学最本质的理解。我不停地问自己，"我为什么要教授这些内容？""这些教学的内容为什么至关重要？"

坦白说，我的发现简直让我震惊。首先，我意识到，一旦我开始首先回答为什么这个问题，教学中的是什么（内容）以及如何做（方法）自然而然就会得到解决。举个例子，一旦我搞清楚了自己为什么要教学生们诗歌，我随即就明白了哪些诗歌可以切入到本单元的学习中，我需要教授哪些诗歌概念，我需要如何来评估学生的学习效果，以及学生对教授内容的熟练掌握应该是什么样子的。我整个单元的教学目标、方法、内容、流程忽然之间变得无比地清晰，让人可以一目了然。

其次，首先提问为什么让我能够更好地理解我的教学标准以及为什么这些标准至关重要。这能够帮助我将这些标准以通俗易懂的语言向自己的学生表达出来，并通过这些解释让孩子们真正明白自己要满足什么样的要求。此时，一旦我明白了为什么要教授那些内容，我能够更加享受备课的过程。那些既定的课程设置忽然之间就变得十分合理及有效，我也瞬间明白了它们背后的原理。而从已经完成的教案中梳理出教育的本质也能够让我重拾自己对本专业和自我学习的激情。最后，我发现这么做之后，我在教授每个单元的课程时，有了更多的激情，也更能够专注于教学效果的实现。我明白了什么才是至关重要的核心内容，尽可能将教学单元与学生的需求和水平联系起来。

等到秋季学期时，我带着更加明确的教学目标和更加高昂的教学热情回归了课堂。上课对于我来说，不再是一项既艰难又繁重的任务，而是一件充满了乐趣的事情。看到学生们了解并掌握自己传授的知识让我无比地兴奋，尤其是当我明确知道学生们应该从我的课堂学习到哪些内容之后，兴奋感就变得益发明显。我不再担忧新制定的课程设置会耗尽我的创意或激情，相反地，我的课程设置给予了我更多的能量和灵感，以对学生来说最有效果的教学方式来传授知识，同时仍能够满足教学标准的要求，遵循教学进度的指导以及达到地区教育基准水平测试评估的要求等等。这就是为何我在指导各位教师的过程中，首先会从提问为什么教开始。为什么你要教授面积和体积？为什么要教授词根？为什么要教授化学元素周期表？为什么学习词类，篮球规则，或是整数的数位或是锐角和直角之间的差异如此重要？

我常常发现，当教师们能够在开始教学之前彻底想清楚为什么教学这个问题，他们的备课过程将会变得更加顺利，他们的课堂教学将会变得更连贯和流畅，他们也将对自己所教授的课程和开展的教学活动变得更有激情。我希望你也可以一样花一些时间来思考一下自己为什么要教授当前的内容。相信我，你这些花出去的时间一定是物超所值的。

专注于教学标准的实现

了解和掌握所有的教学标准看起来是一项不可能完成的任务。鉴于在开始上课之前，你有各种各样的事情要完成，例如设计教学计划和方案，设定测评要求及目标，以及其他教学和学习资料的准备，你很容易就会将各类教学标准当成是事后的思考，当成你需要跳过的障碍，而非你在备课和教案设计中的基石。

但是在教学过程中，教学标准是至关重要的，因为它们能够确保你的学生为国家水平基准测评做好准备，确保你能够按照学生所处的年级平均水平来运用自己准备的资料开展教学。如果你不能够从教学标准出发并且将它们当成备课或教案准备的基础，你的教学课程规划不仅仅会显得过于分散，你的学生也不能为国家水平基准测评做好准备，具备升入更高年级的学习能力。

最近与我合作的一名新教师，完成了一项选择认证性教育项目。他叫作西恩，是一位十分聪明的老师。他十分了解自己所教授的科目。并且对教学充满了热情，力图帮助学生们都通过国家水平考试。

他每天都会按照地区教育规定的要求勤勤恳恳撰写教学方案和大

纲，但是他发现要涵盖该课程的所有资料十分困难。当我们坐下来开始研究他的教案时，西恩向我展示了他的备课流程。

"所以，基本上我会严格按照教材的设定来备课。"他说，"但是问题就在于，我没有办法完成教材内规定的所有内容的授课。我的学生们需要更多的时间来学会教材提供的内容。有些学生的基础实在是太差，我不得不花时间来教他们一些课外的东西。只有这样，他们才能够理解和掌握教材内的东西。"

"你的教学标准在哪里？"我问他。

西恩"啪"地一下打开了自己的笔记本电脑，然后直接导航到了州教育局的网站。"一般来说，我会首先备好自己的课程。"他解释道，"然后，当我备完课之后，我会登陆州教育局的网站，看看有哪些教学标准可以适用于我的课程，然后选择那些可以套用的。"

我点了点头表示了解。因为跟我合作过的很多教师也采用了同样的备课和教学流程。"那么，州级的考试和评估是基于教材进行的还是基于网站上列出的教学标准进行的？"我问西恩。

"列出的教学标准吧，我觉得。"西恩踌躇地回答我。

"如果是这样，那你在备课的时候不应该先从州级教学标准出发吗？为什么要从教材出发？"我进一步刺激他。

"但是，如果我这么做的话，我的备课和教学就会十分散乱。因为这些州级教学标准之间看起来没有很明显的逻辑关系和内容组织。"西恩说。

我同意西恩的说法，州级教学标准之间的确十分散乱。"那么，"我拿起一张空白的纸，然后画了一张表格，"就让我们把这些散乱的州级教学标准整理一下，让它们变得井然有序且能够有效执行吧。"

在接下来的一个小时里，我们一起合作将所有这些看似杂乱无章的州级教学标准进行了梳理和重新组织，让它们能够构成一个符合逻辑的有效整体。在这个过程中，我们时刻查阅教材，以帮助我们梳理出一个符合逻辑的排列顺序。当这项工作完成后，西恩就拿到了一张完整的表格，表格将西恩的教学标准合理进行了排列，并将每个标准与教材中相应单元的教学内容联系了起来。

"现在，"我向椅背靠去，一边说一边检验着我们的劳动成果，"所有这些曾经杂乱无章的教学标准，现在都可以对应适当的教学内容，并且可以独立成为一个学习的章节了。"

西恩充满疑惑和求知欲地看着我说，"我还是不太明白。"

我指着表格第一栏的教学标准，说："这一条教学标准将会成为你第一单元教学的基础。下一条教学标准将会成为第二单元的教学基础，并且以此类推。根据表格列出的标准和它们的排序，你需要围绕每一条列举的教学标准设计一个单元的教学计划，并且在教学完成后围绕同一个教学标准设计一个单元测试，以检验你本单元的教学效果。只有这样，你才能够确保学生掌握教学标准的相关要求，并且能够为来年春季学期的州级水平测试做好充足的准备。"

有了成形的教学标准列表作为基础，我继续帮助西恩完善了他每个单元的教学准备。在此过程中，我们将他需要花在基础较差学生身上的额外辅导时间和辅导材料也纳入了考量范围，因为只有这样他才能够帮助这些后进生弥补自身在背景知识和学习技能方面的不足。然后，我们将所有教学单元的设计嵌入了教学日程安排之中，并在完成这项工作后进行了适当的调整，以确保西恩可以在州级水平测试来临之前完成最重要教学内容的教授。当所有这些工作都完成之后，西恩靠到了椅背上，长长地叹了一口气。

"工作量十分繁重啊。"我充满同情地对他说。

"是呀，"他表示同意，"但是，真是有史以来第一次，我清楚地知道自己正在做什么，还需要干什么。"

这就是按照教学标准来规划课程，而非按照课程设置大纲来备课的魔力所在。如果你不按照教学标准来备课和规划教学内容，那么你将失去真正了解自己的教学是否都满足了这些官方教学标准要求的途径和方法。但是，如果你现在就能够开始按照教学标准来规划课程，并据此梳理和组织自己的课程设置和教学大纲，那么你就可以在教学的过程中确保传授了最为重要的知识，保证教学符合学生所处年级和水平的需求。

提前备课

我知道，当你还不太熟悉课程的设置并且在教学上不太熟练时，要提前备好课是一项艰难的任务。但是，在教学上做到头脑清晰，心中有数十分重要。当我说到"提前"时，我并没有要求你在上班的第一天就将自己教授的所有课程的所有教学内容和计划都做出来。虽然我没有要求你做到这个程度，但你也应该能够至少将第一次考试和评估之前的教学计划和安排制定完毕，因为只有这样，你才能够清晰掌握教学的安排和进度。

将所有的教学内容和安排预先规划好，实际上就是对自己教学的一项超前投资，而这样的做法能够大大减少你在后续的教学过程中的挫败感和焦虑感。如果你能够成功地预先制定出一个合理的教学规划和安排——对未来教学内容和材料的整体把控和全局观——那么你就可以迅速地完成自己每日的教学计划和备课工作，在对教学安排和备课方案做出调整的同时，还不用牺牲课程设置中至关重要的那些教学内容和安排，并且能够更好地将自己的教学材料和教学测试与官方的教学标准结合起来。

早在我的教学生涯初期，我就发现了提前做好每个单元的教学规划和安排的诸多好处。我第一次实践这样的做法是因为学院给我安排了一门全新的课程。我将开学前的后半个暑假全部用在了这门新课程的教学规划上，并且将所有的教学标准都进行了打散和重排。

在接下来整个学年的教学中，我都严格执行了这份既定的教学规划，确保自己的教学涵盖了教学大纲和教学标准规定和要求的所有教学内容，并且保证自己的教学能够做到重点突出、主次分明。虽然有时我不得不对既定的教学规划进行适当的调整，但是做出调整比在学年初仓促开始规划的难度要小得多。

有的时候，你可能没有整个暑假的时间来消化自己的课程设置然后规划出全年教学的计划和安排。有的时候，你不得不见招拆招地一边教学一边备课。玛乔里，一位新入职的菜鸟教师，在我结束对他们的培训之后，就带着问题找到了我。玛乔里年过半百之后才开始了教师职业生涯，之前她一直是一名成功的房地产商。她的性格十分开朗，也对教学充满了热情，但是却完全被教学的繁重任务和要求搞得手忙脚乱。

　　她在工作坊结束之后一直安静地等一个与我对话的机会。当所有参会者都离开之后，她询问我是否可以占用我几分钟的时间来解疑答惑。她看起来十分急切和焦虑，所以我邀请她坐下来慢慢聊。

　　她刚刚坐稳之后，就立刻哭了出来。"不好意思。"她一边在自己的包包里到处摸索纸巾一边向我致歉。

　　"没关系，"我安抚她说，"到底发生了什么事？"

　　"我完全被教学工作压垮了。"她开始倾诉自己的问题和困惑，"我知道自己是一个刚刚开始教学的新手，我也十分努力地工作。但是不管我怎么拼命工作，看起来我就是没有办法赶上进度，达到统一的教学要求。我现在教授三年级的学生，试图教会他们一切知识和内容，也因此，我根本没有什么时间来好好备课。繁重的备课和教学任务让我快要窒息了。"她抽噎地说。

　　这样的场景我见过很多次了。大多数时候，新教师们都会在第一学期快结束时被工作压垮。我的一位朋友将这样的情况戏称为"十月大崩溃。"

　　我又接着问了她几个问题，然后提出了自己的建议："玛乔里，你之所以会如此地不堪重负，是因为你根本没有一个教学规划。你在努力备好每一节课的过程中，根本没有真正明白为什么这些教学内容要安排在一起，也不知道自己的教学目的究竟何在，下一步要教些什么。你所有的挣扎和努力，也只能够让你勉勉强强地完成既定的教学要求。"

　　"但是我又能做什么呢？"她向我抗议，"我拼命地工作，也只是比自己的学生超前准备那么一两节课。我根本没有能力做到更长远的规划。"

"我相信你一定十分努力地在工作，"我安抚她，"我并没有否认你的辛勤工作，我只是建议你可以换一种工作的方式和途径。"

"换一种工作的方式和途径？"她把自己的脸从纸巾堆里抬起来，看着我问，"要怎么换？"

"你需要自己将所有的教学规划和安排都设计出来。"

"但是我已经有一个课程设置的规划和安排了，"她向我抗议，"学院的人将所有这些教学的规划和安排发给我们，并且会时刻监督和检查我们的教学进度，看看我们是否在正确的时间完成了正确的教学内容。而我崩溃的部分原因正是在于这些既定的官方教学规划和安排。我觉得自己在这样的规划和安排之下，根本没有办法停下来帮助学生理解和掌握知识。我只能不停地往前赶教学进度。"她十分夸张和用力地挥了挥自己的手，"我无比痛恨这些既定的教学规划和安排。"

"那你有没有花时间来研究和学习这些既定的教学规划和安排，理解它们运作的模式，并尽可能让自己明白它们背后的原理？还是你只是盲目地依照这些既定的规划和安排来开展教学活动？"

"没有，我只是努力保证自己能够赶上既定的教学进度。"玛乔里说。

"那么我想，这就是问题所在了。身为教师，你需要搞清楚这些既定的教学规划和安排背后的原理，并且能够让自己的学生也明白它们的道理何在。"

"我真希望自己可以做到这一点，"她叹了口气，"但是我没有那么多时间可以奢侈地浪费在研究和解释教学规划和安排上。"

"那你有没有任何带薪假期？"我问她。

"带薪假期？"

"是的，带薪假期。你难道就不可以休假一天并且给自己匀出一些时间来吗？"

"我想我是有带薪假期的。但是我真的可以这么做吗？我真的可以休假一天不工作吗？"

我放声大笑。"玛乔里，你已经快要被自己的工作压得喘不过气了。你休假一天并不是因为自己可以坐在那里什么也不干，吃着糖果享清闲。你需要时间来休整，并且找出解决问题的办法。这是你不得不进行的休假——你一定要休这样的带薪假期。"

玛乔里一边听着我说的话，一边看着我并默默地权衡其中的利弊。我继续说服她，"如果你休假一天，你就可以有一整天的时间来打散所有这些课程设置的材料和文件，并透彻研究和学习它们。然后你就有机会和能力来设计一份适合自己的教学规划和安排，并且能够帮助自己平稳过完这个学期。当然，你自己设计的这份教学规划和安排肯定要跟官方发放的既定课程设置规划和安排保持一致，但是你的教学规划和安排能够变得更加简单，更加容易理解和操作。你甚至可以将所有这些教学规划和安排记在日历上，这样你就能够知道自己每天都完成了哪些教学内容和教学进度。无论是哪种方式和规划，只要适合你就可以。然后，当你每天晚上，或是每周，抑或是任何你觉得必要的时间坐下来备课时，你就无需再花时间来搞清楚自己到底要教什么，怎么教，需要满足哪些教学标准；因为你已经完成的教学规划和安排会明白地告诉你。这样，你就可以坐下来，直接开始备课了。"

玛乔里严肃地考虑着我的建议，但是我看得出来她仍然在纠结到底要不要休假。

　　"你需要这样一次休假。"我催促她，"你已经无法应付自己当前的工作压力了。"

　　她缓慢地点了点头，说："我会跟我的主管聊一聊，然后争取下周一就安排休息。这样我就可以把周末也利用起来，甚至有可能把全年的教学规划和安排都设计一下。"

　　"可能吧。"我十分谨慎地说，"但是千万要记住，不要给自己太大的压力，以免让自己再次崩溃。所有的转变和规划都需要时间。你现在只需要将自己的目标设定为将第一学期的教学规划设计出来。马上就要放寒假了，你可以利用这段时间将第二学期的教学规划和安排制定出来。"我警告她说，"要一步一步地来，一口是吃不成胖子的。"

　　玛乔里尝试了我的建议。她申请休息一天，然后将自己所有的课程设置都打散重组，并将它们全部融合到整个学期的教学规划和安排中去。这个过程的确花费了不少时间和精力，但是等玛乔里再度回归讲台时，她已经对教学目标有了一个全新的认识和了解，并且重燃了自己的教学热情。

　　如果你也能够做到将所有的课程设置打散重组并且制定出适合自己的教学规划和过程，那么你可以实现同样的效果。因为这个过程能够让你对教学产生一种控制感。你将会知道自己的教学进度和流程以及接下来的教学安排，同时可以在每个阶段的教学中做出更好的决策。

　　而且，每节课的教学准备将会变得更加简单和轻松，因为你已经确定了每节课的教学内容。确实，这个过程需要你投入大量的时间和精力，但是这样的投入是值得的。每一天都进行教学的规划和设计会让你感到精疲力竭。而根据自己的教学规划和安排知道自己接下来的教学走向和进度则能够让你充满活力与激情。因此，花时间来设计和制定适合自己的课程设置和教学安排吧，并且确保这些设计和安排对你的课堂切实有效。

不要试图完成所有规定内容的教学

当我还是一位教师新手时，我以为只要是教学大纲和课程设置内出现的内容就应该全盘教授。但问题就在于大多数的课程设置文件规定的教学内容过多，以致于在有限的教学时间内根本无法完成所有的教学内容，或是无法确保每一项教学任务都能够获得等量的教学时长。而且，即便教师能够将课程设置和教学大纲规定的所有内容教授完毕，他们也不能保证学生们都满足所有的教学标准。一旦我意识到了这些问题，我就开始专注于如何实现教学标准的要求以及帮助学生满足教学标准的要求，而非覆盖课程设置和教学大纲规定的所有内容。这样的做法让我有更多的时间和空间来教授那些真正重要的教学内容，并且拥有更大的灵活性来基于学生的实际需求调整自己的教学设计。

即便是这样，想要摆脱完成所有既定教学内容的压力也并非易事。我总是能够看到各种各样的老师挣扎着想要完成所有既定教学内容。我仍然记得自己曾经为一位根本不想要我帮助的教师提供过教学咨询服务。我当时来到彼得所在的学校，目的就是为了帮助他把课堂变得更有活力，但是当我踏进他的课堂时，我很明显地看出来他根本不欢迎我的到来。

"好吧，我今天有什么能够帮到你的？"我一边在教室后面拉了一张椅子坐在彼得的对面，一边问他。

"如果你确定自己真的想要'帮助'我,"他讽刺意味十足地说道,"那么不如告诉我,怎么做才有可能在五月之前完成所有这些教学内容。"他十分用力地将手上的课程设置文件和教学大纲甩到了桌子上。

我看了看那本厚厚的文件手册,然后问他,"你一般需要花多长的时间才可以将所有这些规定内容教授完毕?"

彼得皮笑肉不笑地靠回椅背,双臂抱胸,语气凉飕飕地说,"至少八周时间。"

当时已经是四月的第二周了。再扣除州级测试考试以及其他学年末的活动和安排,我们大约只剩下五周左右的授课时间。这还是乐观估计。

我拿起那本课程设置手册,开始快速地浏览它。这本手册涵盖的内容十分翔实,列举了无数的教学词汇要求,好几项课业研究安排,一些测试以及大量其他必须在教学过程中涵盖的内容和信息。而因为我并不太了解教学的具体内容,我没有办法根据自己对学科领域的专业了解和知识来为彼得提供这方面的帮助。于是,我决定回归教学的本质要求,即质量胜于数量这一基本的教学理念,并问了彼得一个问题,"在你的教学中,必须掌握的和最好了解的知识和内容分别是哪些?"

"你说什么?"彼得没有反应过来。

"你教学中必须要掌握的知识和内容,"我再次重复了自己的问题,"也就是,你的学生们绝对要知道和掌握哪些东西?"

彼得看着我,就好像我是他见过的最愚蠢的人,"教材里的全部内容。他们必须要掌握全部的内容。这些都在课程设置和教学大纲里规定了,而且这些内容也会出现在考试中。"

　　我看得出来彼得已经十分不耐烦跟我交谈了，所以我迅速开始解释自己的问题，"已经有一些研究表明我们既定的课程设置和教学大纲太过复杂。这就意味着并不是所有出现在课程设置和教学大纲里的内容都会出现在州级的测试中。事实上，有一些研究声称课程设置和教学大纲中只有80%的内容才是至关重要的，剩下的20%的内容应该属于学生们'最好了解'的内容。所以，如果我们能够找出你的课程设置和教学大纲规定的所有内容中，哪些是'必须要掌握的'，哪些是'最好了解的'，这样就可以找到办法在所剩不多的时间内完成所有这些至关重要的内容的教学。"

　　彼得默默思索了一会儿，然后说，"但是万一你的推测错误呢？到时候要怎么办？"

　　"要是万一我对了呢？"我冲彼得笑了笑。"你看，无论怎样，在整个教学规划时段内剩下的所有时间里我们都要一起共事。为什么不试试我的这个方法，然后看看它能否奏效呢？"

　　彼得迟疑着答应了我的建议。然后我们就开始一起合作了。我们首先研究了彼得的课程设置文件，将为什么教作为研究和学习的出发点——为什么这个单元是重要的，以及学生们必须要知道和掌握的教学标准及重要的理念是什么？基于这些理念，我们将每一项教学活动，每一个词汇表中的单词，教学内容中的每一个版块的内容以及每一个学习的技能和策略都集中起来，然后按照"必须要掌握的"和"最好了解的"两大栏进行分类：80%的教材内容被纳入了"必须要掌握的"一栏；剩下20%的教材内容被归入了"最好了解的"一栏。我们两人花了大约30分钟的时间来将所有的教材内容都过了一遍，但是等这项浏览分类的工作最终完成时，彼得已经得到了一份细分后的课程设置和教学大纲。

接着，我向彼得解释了学生对所有"必须要掌握的"一栏的内容必须要达到精通的程度。但是"最好了解的"一栏下的内容，教师只需要简单地向学生展示并保证学生对这些内容不陌生即可；这部分的内容无需学生精练地掌握。

基于这些工作成果，我们拿出一本日历，并且开始快速地将哪一天应该教授哪些内容、概念以及学习技能和技巧都标注出来，在我们当天的教师培训时间结束时，彼得已经得到了一个大概的教学计划。

"我原先根本不认为你可以做到这一点的。"彼得一边看着我们一起制定出来的教学计划，一边摇头。

我笑了笑说，"听起来似乎你原先认定我会失败。"

彼得抬起头看着我，承认了他原本就是这么想的。"某种程度上来说，我的确觉得你不可能做到这一点。因为我觉得自己根本没有任何办法可以在所剩无几的时间内完成所有既定教学任务，而且我也不否认自己对这样的现实很恼火。但是拿着这些列举出来的"必须要掌握的"教学内容，我意识到在过去一个学年里，如果不是那么地担忧和想方设法地覆盖所有既定教学内容的话，我应该可以将这些更重要的内容讲得更加深入和透彻。"

虽然听起来像是个自相矛盾的悖论，但事实就是如果教师能够放弃完成所有既定内容的想法，或是，至少在覆盖全部既定内容的教授时能够做到有所偏重，那么学生们的学业表现反而能够更加突出和优异。因此，教师需要花时间来找出课程设置和教学大纲中规定的所有内容有哪些是"必须要掌握的"，有哪些是"最好了解的"，然后将更多的教学时间花在"必须要掌握的"内容和知识的教学上。这不仅仅能够让你的课堂教学变得更有逻辑性和连贯性，你的学生也能够更加深入地学习必须要掌握的内容，从而为即将到来的测试做好充分的准备。

教学准备是必要的，但过度准备却有害而无益

当我即将成为一名教师时，所有老师都警告并建议我尽可能在上课之前备两遍课，因为有时需要用上备用方案。即便到今日，我依然相信备用方案的重要作用。但是，很多时候，我们实际上只是将一遍又一遍的过度备课当成了减轻教学焦虑感的方式。当我们心中清楚地知道自己已经准备了教学方案，并为这个教学方案准备了备用方案时，我们能够得到一种安全感和信儿。但是通过过度的教学准备来创造和保证教学安全感本身就是一个陷阱。因为过度的教学准备不仅仅会愚弄教师们，让他们相信一切都尽在掌控之中，还会将教师们死死地锁定在既定的教学方案和设计中，以致于根本没有为学生留出任何的空间来领会并创造自己的学习体验和经历。

在我刚刚从事教学工作的前几年，我经常以作了充分教学准备而自豪。我精心规划了所有单元的教学设计，创造了十分详尽的教学方案和流程，将时间精确到分钟；同时还为自己的课堂和学生准备了大量的学习材料，以确保学生在课堂上的每一分钟都能被利用起来。相信我，所有的这一切看起来都会让人满意。

有一天，我正在执行自己精心制定的一份教学方案和计划，并引导学生们进行一次课堂讨论。我在上课之前已经预先规划好了所有需

要讨论的问题并预估了整个讨论应该持续的时间。

课堂讨论进行近半时，我提了一个问题，而这个问题激发了学生们的兴趣。学生们争先恐后地举手要求回答，哪怕是那些平时一贯安静和沉默的孩子也十分热切地参与到了讨论之中。学生们充分的发挥了联想和归纳联系的能力，进行了深入的思索和探讨，他们十分投入地参与到了话题的讨论之中，但是我却十分担忧，因为我担心剩下的时间根本不足以完成我既定教学方案中列出的所有问题的探讨。因此，在每个学生都发表了自己的评论和看法之后，我试图将学生们的讨论拉回正轨并展开下一个问题的探讨。

学生们无视了我的努力和挣扎。他们不断地将自己的观点和话题拉回刚才那个真正引发他们兴趣的问题。最后，我不得不插话说，"孩子们，注意。我们还有很多其他的问题需要去探讨。我们不得不继续下一个话题了。"

一个学生动了一下自己的嘴巴，转了转眼珠子，向我抱怨道，"我们好不容易能够积极热烈地探讨，并且实现了一次有效的讨论，但是你现在打算让我们半途而废。"班上的其他学生纷纷附和并表示对这一观点的赞同。

我就这么眼睁睁地看着学生们在我的课堂上叛变了，最后我不得不勉为其难地同意他们继续这一问题的探讨。学生们继续回到这个问题的讨论中，但是我发现自己不仅仅没有办法参与进来，甚至已经无法控制和引导学生们的讨论了。我对能否严格执行既定的、详尽的教学方案的过度担忧导致了这一后果。

当天的教学结束之后，我向邻桌的同事抱怨了自己失败的课堂经历。"你看，现在我不得不将今天要完成的教学计划推迟到明天，只有这样我才能把所有既定的问题都讨论完毕。"

"罗宾，你设计这些话题的初衷或教学目的是什么？"他十分温和地问我。

"让学生们探讨这部小说并能够从自己阅读的小说里获得深刻的认识和见解。我希望学生们能够深刻思考所阅读的内容并且将其与自己的生活联系起来。"

同事安静地看着我，等待我领会他这段话的含义。然后他问我，"那么，这样的效果和目的在你的课堂上实现了吗？"

"实现了，但是……"我最终领悟了同事的意图，然后羞怯地笑了。学生们的确在自己的体会和现实生活之间建立了联系。他们专注地阅读了应该阅读的内容并对内容兴致盎然。他们进行了深入的思考和探索。而我却完全没有看到这些明显的效果，因为我只顾着按照既定的教学计划和安排来完成课堂教学。当然，我不能说自己从那之后再也没有犯过类似的错误。有的时候，我仍然会发现自己对既定教学方案的关注要远远多于对课堂上的学生。你需要掌握二者之间这一微妙的平衡——身为教师和课堂的管理者，你的确需要确保整个课堂的教学能够逐步实现既定的教学目标，但同时你也需要为自己和学生提供一些自由发挥的空间，因为实现教学目标的方式有可能与你在课前所精心设计和规划的并不相同。

理论上说，学习应该是一个顺畅的直线型过程。在这个过程中，所有的学生都应该以一种整齐有序且按部就班的方式实现从目标A到目标B的过渡。但是在实际的教学过程中，学习的流程远远比理想中的要复杂和混乱。无论你的课前教学准备活动做得有多么充分，你的学生们也时不时地会导致整个流程脱离既定的轨道和规划。但是这并不意味着你不需要做任何的课前教学准备；这仅仅意味着你必须要明白，你做出的所有教学准备和计划本质上也仅仅是教学的计划而已，而计划有时候，是永远也赶不上变化的。

要想把握好二者之间微妙的平衡并避免自己掉入教学过度准备的陷阱，你就需要专注于教学目标的实现，而非实现那些为了实现教学目标而设定的教学步骤。在上课之前精心设计教学的步骤很重要，但是身为教师，你不应该在课前将课堂教学的每一分每一秒都规定死，因为这样即兴教学就没有了时间和空间，也不能为学生提供任何空间，让他们积极主动地参与到课堂教学的创建活动中。课前的教学准备和备课是必需的。但是你也需要确保自己在教学方案中预留了充分的自主和灵活调整的空间。只有这样，你才能在全面地施行既定的教学方案的同时，保证自己能够随时为学生提供自主学习的机会，因为这些学习机会可能并没有在你既定的教学方案和计划中设定，但却对最终教学目的的实现具有至关重要的作用。

严格遵循既定的教学计划，而非逐字逐句照搬教材内容

我最近观摩了一个四年级的课堂教学，然后我发现那位老师在上课时就站在讲台上，然后逐字逐句地将教师用书上的教学内容念出来。学生们顽强地跟着教师的节奏，挣扎着回答该教师提出的问题并尽可能地完成教师列举的各项课堂任务和作业。很显然，学生们的学习热情高涨而急切。但是，即便这位教师严格按照教师用书的指导将所有

的教学内容念完了，整体的课堂教学效果仍很差，学生们十分疑惑，根本不知道自己到底应该学些什么。

课程结束之后，我在当天的稍晚时候见到了这位教师，并提出了自己对课堂的反馈。我们进行了如下的对话。

我问他为什么要教授这节课程的内容，而他的回答是，"因为教师指导用书里规定了要讲这些内容的呀。"

我点了点头说，"我明白了。但是为什么你要在教师指导用书中选择这节课的传授内容？"

他耸耸肩说，"我别无选择啊。"

"你当然有别的选择。"我十分坚定地反驳。

"不，我没有。"他摇了摇头，"我必须采取跟其他老师一模一样的教学方案。"

"不，你实际上需要执行跟其他老师一样的教学标准并实现与其他教师一样的教学目标。"我澄清了他的说法，"因为咱们所在教学区的相关教育政策并没有明确规定你必须教授跟其他教师一模一样的课程。"

他目瞪口呆地看了我一会儿，然后说："我以为我需要严格地按照教师指导手册的内容来上课，因为我觉得这能让我教授跟其他老师一模一样的课程。"

"那么你觉得这节课是否实现了应有的教学效果？"我追问。

他摇了摇头。"严格来说，没有实现应有的教学效果，"他深深地叹了口气，"但是我原本以为我别无选择，只能照本宣科。"

"如果你可以按照自己的规划和想法来上这节课的话，你觉得自己会怎么上？"

"如果我可以按照自己的想法和规划来上课的话？"他疑惑地问。

"是的，"我一边点头，一边合上了教师指导用书，"你会怎样来上这节课呢？"

他思考了一会儿，然后说："那么，对于刚刚开始接触这个阶段学习的学生来说，我不会要求他们做课前热身练习。因为这个活动的设计十分愚蠢，我的学生们早就掌握了热身练习中涉及的所有信息。"

"那么，你会在热身练习这段时间做些什么教学设计或活动呢？"我问道。

"我可能会要求学生们直接开始阅读和学习文章中的故事，并要求学生全身心投入到文章的理解和学习中去。然后，我会将学生们分成不同的小组，要求每个小组的学生找出对话和段落的标点符号加注规律。我会要求他们重点关注句式和标点的搭配，并记录自己能够找到的所有句式。"

"继续你的想法。"我鼓励他继续往下说。

在我的鼓励下，他变得更有激情和活力了。"然后，我会基于学生们的发现，整理出一个规律清单，要求全班的学生运用清单上的各种规律和句式来编排对话。一旦我们遇到任何理解或应用层面的问题，我们就可以将新出现的规则添加到已经完成的规则列表中。当我们将所有规则都成功运用到对话的编排中之后，我相信学生们就能够真正理解对话的含义——他们将不仅仅掌握如何给对话标注标点符号，还能够基于规则写出对话了。"

然后，这位教师继续解释和描述了他将在剩下的时间里设计怎样的教学流程和内容，为什么这样的教学设计能够取得更好的教学效果，并且让学生们能够更好实现教学标准的要求。而且，他也越说越兴奋。当他终于将自己理想的教学方案描述完毕之后，我问了他一个简单的问题，"那为什么你不按照现在描述的这个教学方案来上课呢？"

他直视我的眼睛说，"我很乐意能够这样上课。我只是不知道原来自己是被允许这样上课的。"

你当然有权利按照自己的想法和设计来上课。哪怕学校给你规定和发放了一份标准的教学方案，要求你严格按照既定教学方案上课，你也仍然需要花时间来拆分和理解这些既定的教学方案，对它们进行适当调整和改动，确保你能够真正理解自己正在教授的内容。做到这一点至关重要，因为一旦你明白了教学活动与教学标准之间的联系，你就能够做出正确的选择。无论你选择了哪种教学方式，你都要牢记自己才是学生们的老师，因此你必须决定和判断什么样的教学活动和教学方案能够帮助学生实现既定的教学标准和目标。你也必须对既定的教学计划和方案做出适当的调整以更好地满足学生的学习需求。

而且，在没有对既定教学方案和设计进行深入、透彻地思考和研究时就决定照搬既定的教学设计和方案是不可取的。这样的做法之所以不能被接受，是因为身为教师，完全依赖于既定的文本而不愿意花时间来拆分和重组教学标准是难以适应自己和学生的教与学需求的。无论一份教学方案写得有多么完美，无论教学设计的文本编排得有多么精心，如果你不能够真正的理解它们背后的含义和逻辑，它们就无法为你的课堂和教学创造良好的效果。所以，你需要花时间来首先研究和了解自己的教学方案和设计。只有这样，哪怕你在彻底了解之后依然选择完全照搬既定的教学方案和设计，你也事实上遵循了自己的教学计划。

作为一位教师，课程和单元教学的设计和规划可能是工作中最为重要的一部分内容。实际上，教师们大部分的工作是在备课和课程规划中完成的。但是，即便如此，备课对于大多数新教师来说，依然是一项十分繁重的任务。因为它不仅会耗费大量的时间，还会导致新教师们困惑和苦恼不已。并最终导致很多教师直接跳过这个至关重要的教学环节，进入到课堂的教学中去。

我十分认同这样一种说法，即备课在很大程度上，与教师的教学准备相关，而非与学生的学习准备相关。你对自己当天即将完成的教学内容了解得越深刻，你就越能够更好地将这些内容教授给自己的学生。而如果你跳过了备课和教学设计这个至关重要的环节和流程，你不仅仅欺骗了自己的学生，也欺骗了自己。

此外，正确且恰到好处的备课也能够给予新教师极大的自信。因为，你将会透彻了解自己正在教授的内容并知道自己为什么要教授这些内容。此外，它也能够帮助学生建立起对你的信心，因为他们将会感觉到你是学习活动的引导者，知道自己正在朝着什么样的目标努力；学生们也能够感受到你确定如何帮助他们实现既定的教学目标。

第五章

如何与家长有效沟通

You Can Find Common Ground

Working with Parents

对于教师们来说，从事教师这份职业最令人忐忑不安的就是与学生家长们打交道。虽然我们都幻想自己能够拥有与学生家长们轻松、密切配合而又卓有成效的积极关系，不幸的是，我们不可能永远都能保持与家长们这样的和谐关系。有的时候，身为教师，你不得不努力地建设和维持与学生家长们的关系。本章列举的这些方法，能够帮助你与学生家长们建立有效和谐的关系。

采取积极主动的态度和做法

当一个学生家长主动联系你时，这就意味着他们很有可能已经处于十分失望的状态了。还有可能十分愤怒，或是十分恼火。到了这个地步，你很有可能需要将自己大部分的时间花在安抚和平息学生家长们的失望情绪，而非花时间来解决最根本的学习问题，而这会导致学生身上存在的学习问题瞬间被其他一系列杂事和问题所掩埋，并在整个学年中变得越来越严重。因此，如果你真的想要实现自己与学生家长之间的良性互动，最好让自己成为互动或交往的发起者。

我刚刚走上教师岗位时，会不自觉地想要尽量避免与学生家长们打交道。当学生家长主动联系我时，我会退缩。因为通常来说，我觉得他们给我打电话没有什么好事。但是，将学生家长当成敌人或是将他们当成要尽可能避免的麻烦事——至少我自己就是这么做的——让我不仅仅没能有效地解决问题，反而还制造了更多与学生家长之间的问题。一旦我意识到自己应该将学生家长当成教学的伙伴和合作方，并学会及时与他们沟通学生们在课堂上的表现，尽可能早得让学生家长们参与到学生们的学习过程和经历中，我发现学生家长们成为了我最好的战友。而这带来的好处是，哪怕我们在某项行动或某种做法上意见相左，我们也更倾向于通力合作，尽可能制定出一个双方都能够认同和提供支持的学习方案。下面这些方法能够帮助你通过采取积极主动的态度和做法，建立起与学生家长之间的良好合作及互动关系：

1. **至关重要的自我介绍信**。要想主动出击，那么你首先需要利用好发送给学生家长们的自我介绍信，或是利用返校当晚对学生家长们作讲演的机会来进行自我介绍。通过这两个做法，我向学生家长传达了在未来的一个学年内，学生们将在我的课堂上学习到什么，让家长们得到一个清晰、真实的认识和了解，包括学生们将要完成的家庭作业的量，我将会布置哪些类型的作业以及我将要执行的课堂纪律和规则等等。通过这样的阐述，学生家长们能清晰地知道我是什么类型的教师，明白在接下来的学年内我将会做出哪些举措等等。尽可能在教学的前期阶段让家长们了解和掌握你对未来教与学的预期，是保证家长们对你们彼此之间的关系获得舒适感以及将孩子放心托付给你的关键。

2. **不要坐等学生家长联系你**。当你意识到学生出现了学习或其他方面的问题时，第一时间主动与学生家长联系。不要坐等学生家长发现自己的孩子学习落后或是退步再跟你联系。采取一些方法和策略将学生的问题扼杀在萌芽阶段，以确保学生可以尽可能快速地回归正轨。

3. **记得还应与学生家长们分享好消息。**不要每次联系学生家长都是为了报告坏消息。如果有可能，尽量让自己与学生家长的前几次联络是关于他们的孩子在学业或其他方面的积极表现的，这样能够避免家长们每次看到你的来电就闹心。

4. **在学生向自己的家长告状之前与学生家长们积极沟通。**最后，你需要先于学生进行与学生家长们的沟通。这么做能够让你与学生家长在处理孩子的学习或其他问题方面建立起一个齐心协力的攻守联盟。如果我不得不与学生进行谈话，那么在谈话之后，我会尽可能迅速地联系学生的家长，以确保家长们先听听关于事情始末和故事版本老师怎么说。这么做能够让家长们理解教师的做法并保持态度和立场的一致，以齐心协力地解决问题。如果你的学生是事件的描述者，他可能会扭曲整个事件的始末，以致于他的家长对教师讲述的原委根本没有倾听和接纳的兴趣。如果教师能够成为事件和故事的第一个讲述者，那么教师就可以从中立和公平的角度来陈述和剖析整个事件和问题并给予学生家长们充分的时间来考虑问题或挑战的解决方案，在知道如何解决之后，再跟自己的孩子沟通。

虽然在与家长们打交道的过程中采取积极主动的态度和做法并不能完全杜绝教师和学生家长之间存在的所有挑战和问题。但这样的态度和做法却可以大大降低挑战和问题出现的频率。我曾经很多次见过因为教师的不作为而导致教师和家长之间的关系和问题恶化；但是也见证过很多教师因为采取了积极主动的态度和做法而实现了与家长之间有效且良好的互动关系。

鼓励家长学会通过正确的方式来为孩子争取发展机会

所有的家长都希望自己能够支持和鼓励孩子的成长和发育。这是家庭教育的真理。但实际上，大多数家长完全不知道如何来理解学校的教育文化并从中找到最适合自己孩子成长的东西。家长们会倾向于采用那些已经掌握和了解的策略和做法——当百货商店在他们购买某样商品试图多收钱或是当他们试图少交有线电视费时他们所采取的那些做法和策略。他们会大喊大叫，会威逼利诱，然后他们就得偿所愿地实现了自己的目的。那些在消费领域有效的作战策略并不一定适用于学校和教学环境。很多的学生家长并不知道该通过哪些不同的方式或途径来为自己的孩子争取到需要的东西。

在这样的情况下，身为孩子们的教师，你有责任让家长们了解正确和恰当的策略来帮助他们为孩子争取到有利的发展资源。而我个人了解的激励和教育学生家长的一个最佳方式就是被我称为积极干预行动计划的方法。本质上来说，这个计划就是要求教师事先预测学生们会在什么时候出现什么样的困难或问题并预先提供相应的帮助和支持，避免学生出现学业的大幅退步或是彻底的失败。我会利用学生返校当晚的时间和机会来与学生家长们沟通积极干预行动计划的相关事宜——我会告诉家长，身为教师我会重点关注哪些警示性的行为或是迹象，告诉他们身为家长应该在家里重点关注孩子们哪些方面。我同时还告诉学生家长们到了什么样的阶段他们就应该联系我，以及我将会针对学生的困难或问题提供哪些支持和帮助。我同时还会跟学生家长们分享一些策略和方法以帮助家长们在家里为孩子的成长和学业提供支持。

实施这样一个积极干预的行动计划让我与家长之间的关系及沟通方式变得大不相同。当家长们联系我时，他们不再是因为隐隐约约感到孩子可能在课堂或学业上出现了什么问题而与我沟通和核实，相反地，当他们联系我时，他们已经明确地在家里观察到了一些"危险信号"。通常情况下，学生家长们提供的信息都是那些我没有办法通过课堂表现掌握的信息，从而让我有了一个整体和综合的认识。通过为学生家长们事先列举孩子行为和学业上的危险信号，我能够与学生家长们进行卓有成效地交谈并能够共同合作，制定出最有利于学生实现学业成功的解决方案。学生家长们通常都会十分感激教师为他们提供了一个机会，让他们能够和教师沟通与孩子成长和发展相关的事宜，而正是通过这样的做法，我才能够建立起与学生家长之间的良好合作关系。

在我曾经工作过的另外一所学校，我们在这方面做得更加先进和全面。我们为学生家长们组织和举办了好几场"学习技能"夜间培训班。在这些培训和交流型活动中，我们教会了家长们通过帮助孩子做家庭作业来实现对孩子更好的培养，而不是直接代劳帮孩子做完家庭作业；与他们分享了诸多培养孩子良好学习习惯的策略和方法，以及如何帮助孩子管理家庭作业的计划和安排，学生家长们可以采用哪些方式来支持和培养孩子更活跃和更独立的自主思维能力。我们甚至还向学生家长们传授了一些课程的内容（尤其是孩子们刚刚接触并正在学习的新版数学的课程内容），以确保家长们可以在家里为孩子的学业提供支持和帮助。

通过这些做法，家长们掌握了在家里为孩子的家庭作业提供帮助和支持的方法，也见证了学生们在家庭作业的完成数量和上交数量上的提高和进步。我也见过其他一些学校在自己学校的官方网站上或是寄回家的家长信中为学生家长们提供这类信息或建议。我甚至还见过有些教师给家长寄送家庭指导方法和步骤确保家长们知道如何为自己孩子的家庭作业提供帮助和支持。身为教师，你能够向学生家长们展示更多支持孩子学业发展和进步的方法和策略，你就能够得到家长们更多、更好的支持。

一定要牢记：家长永远都只是学生们的家长，哪怕他们的年纪足以成为你的家长！

我刚开始从事教学工作时只有23岁。当时，我的学生们都是高中毕业班的学生，他们的年纪只比我小四到五岁。很多学生家长的年纪都比较大，足以当我的家长了。甚至有些学生家长的年纪比我父母的年纪还大。我的这个发现让我有点儿忐忑不安。

更糟糕的是，我成长于一个十分传统的家庭。严格的家庭教育让我学会永远也不要用姓名来称呼父母辈的朋友，而且我的父母也教育我要对长辈特别尊重。所以，当我成为了一名教师并且不得不与学生年长的家长打交道时，我就陷入了一个两难的境地：

我接受的家庭教育让我觉得自己应该将这些年长的学生家长当作长辈来对待和尊重；但是我的工作性质却要求我在与他们打交道时将他们当成我的同伴来平等对待。

我要怎么样才能够克服这样的两难境况？我决定将自己的关注重

点放在学生身上，而非他们的家长身上。我专注于学生的学习需求并且尽可能为学生争取有利的发展资源。将关注的重心放在学生身上立刻让我站到了与家长们同一水平线上，因为我们双方都是成年人，此外我们的任务都是帮助这些学生实现更好的发展，而且我们都希望可以为孩子争取到最有利的发展资源。无论何时，只要我的关注点放到学生家长的身上，我与他们之间的年龄差距和不平等就会凸显出来。而当我的关注重点放回了学生身上和那些对学生的发展最有利的方面时，我与学生家长之间的差距就立马缩小了。因此，永远也不要被学生家长们吓倒。一定要牢记，你和学生家长们在为学生谋求最佳的发展资源时，彼此之间是合作伙伴的关系。

> 将关注的重心放在学生的身上立刻让我站到了与学生家长们同一水平线上。

家长们永远都希望可以帮助自己的孩子实现最好的发展

有的时候，我们会倾向于将学生家长当成我们的敌人。当我们在准备一场学生家长见面会时，就好像是在准备迎接一场战斗。我们经常忽略的一个事实是，我们与学生家长们其实是同一个战壕的战友。

虽然有时教师和家长之间在如何实现孩子最佳的学习效果上可能存在意见分歧，但是千万不要错误地理解这一分歧，一定要牢记，教师和家长双方都希望并且都在致力于达成同一个结果，即对学生发展最有利。如果你能够在学生家长见面会中不断的提醒自己这个事实，不仅仅会大大减轻见面会上的火药味，还能够帮助你找到那些自己之前从未考虑过的解决方案。

我在过去多年的教学经历中犯过好几次错误才学会了这个经验，而最典型的一个事例是这样的：

我有一个学生在课堂上严重违纪。这个学生不仅不尊重老师，还在上课的过程中干扰其他的学生——他会在其他学生试图完成课堂任务时跟他们讲话。他不仅会逃课，还会把整个班级的学生搞得乱七八糟，这样的情况发生过很多次。而让问题变得特别具有挑战性的是，这个孩子本身十分聪明，也能够完成自己的作业和学习任务，他的成绩在B+以上。

此后，他的课堂表现和行为变得越来越糟糕。我实在没有办法，就给他的母亲打了个电话，要求她到学校来面谈。我希望孩子的母亲能够在家里再次强调并执行我制定的学习规则来提供帮助，让孩子改善在课堂上的表现和行为。我当时觉得自己已经将整个事件分析得十分透彻了。我在这件事的处理上花了很多时间来思考和筹划，并且已经制定了一个成形的解决方案，随时都可以实施。我当时唯一需要解决的问题就是说服孩子的母亲，让她相信这是帮助自己儿子改善表现的最佳方法。

但是，孩子母亲自己也制定了一个解决问题的方案。她也同样花费了大量的时间来考虑和衡量这个问题——到底应该做些什么或是采取什么措施。我们坐在会议室里激烈争论到底谁的方案更好，完全忘记了我们的目标是找到最利于孩子发展的解决方案。我们都忙于向对方证明自己的解决方案才是正确的和最好的。事实上，当我们的争论白热化到某个程度之后，我甚至说了这样的话，"好吧，我才是孩子的老师，而且我才是那个懂教育的人。我认为这才是最佳的行动方案。"

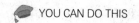

（没错，没错，我知道这是一个昏招。）

孩子的母亲则是这么反击的，"那么，你知道我才是孩子的妈妈。你可以是那个懂教育的人，但我才是那个最懂自己儿子的人。"

毋庸置疑，我们当天并没能达成一致的理解和意见。我不仅仅在争论中失败了，还失去了这位母亲对我的支持。在接下来的整个学年中，这个事件也一直不断提醒我关注自己的行为和做法。

能够与学生家长进行合作而非争执至关重要。家长们确实要比你更加了解自己的孩子，而且他们也确实知道怎么做才是与孩子相处并解决孩子问题的最佳方式。与其坚持自己的方式才是最佳的处理方式，不如将对话的重点转移到探讨和思考怎么做才能最有利于学生的发展。不要就具体的做法和策略进行争论；可以共同探讨双方的教育策略和方法的可能产生的效果，然后通力合作找出哪些方案能对孩子产生最好的效果。

要勇于承认自己的错误

当一个家长因为你犯的某个错误而找上门来协商时，我们很容易试图去掩盖或否认自己的错误。毕竟，当家长发现你也会犯错之后，他们有可能不再信任你。而有些家长指出你所犯的错误的方式很直接以致于使你不停地否认，否认看起来变成了更好的应对方式，因为你无法想象当自己妥协于这些无理取闹的家长的心理刺激之后，后续还会面对怎样没完没了的骚扰和羞辱。再说了，犯错本身就已经足够让人尴尬和羞愧的了。

但是，掩盖和逃避自己的错误只会让事情变得更加糟糕。相信我，我体会过这样的经验教训。曾经我也会一直对学生家长们掩盖自己的错误。哪怕我确实犯了错，我也会固执地坚持自己的立场，因为我觉得向学生家长坦承自己的错误就等于向他们展示了自己的弱点和缺陷，从而让学生家长们占上风。有的时候，我甚至会悄悄地做出修正和弥补，但是这些修正和弥补总是名正言顺地顶着仁慈或是关爱学生的名号，并且我从不承认自己做错过什么。

当时，我坚定地相信自己这样的做法才是正确的。甚至是我的教师同事和上级也鼓励我掩盖自己的错误并且永远也不要承认自己犯错了。但是这样的做法，并没有如我们想象的那样取得积极的效果。

直到我从事教学工作的第三个年头，我才终于能够鼓足勇气向一位学生家长坦白地承认了自己犯的错误。那并不是一个十分明显的错误，如果我选择掩盖和否认这个错误也无可非议。我当时采用了一个十分有效的评分规则，而且这个规则在大多数学生的评价上都适用且效果很好。但是，当时这个评分规则严重伤害了一名学生对成绩的自信心并且没有能够公正地给出客观评价。我的第一反应是继续坚持我一贯采用的这项评分规则。毕竟，如果我被这位学生的家长说服并且愿意为他的女儿开一个先河，我的举动很有可能如同开闸放水，招致其他家长的无数要求和抗议。这位学生不得不面临不公正的评价，这是一件十分不幸的事情，但是归根结底，一名学生的牺牲总是好过海量的投诉和抗议，我当时是这么说服自己的。即便我用这个理由不断地说服自己，我的脑海中总是有一个声音不停地唠叨：在这件事中，我的责任到底应该是维护一贯的原则还是维护学生的利益？

这个声音一直萦绕我的心头，不肯停歇。第二天的下午，我应学生父亲的要求与他会面，并一同检验了那个评分规则。

这位父亲是有备而来的，他有理有据地分析了为什么这项评分规则会导致自己女儿的利益受损，导致孩子面临不公正的评价和对待。我听得越多，就越认同这位父亲的观点。但是，我仍然不愿意改变自己的观点和态度。因为我觉得如果我承认了评分规则的错误，就是承认了自己的弱点和缺陷。

一开始，我还在不顾一切地试图找到一个让自己的做法看起来"正确"的解决方案，同时还能够满足这位家长提出的合理让步和妥协的要求。我并不想让这位家长觉得自己"赢得了"这次争论。但是，我却没有能够找到任何圆满的解决方法。最终，我坦白承认了自己的错误，我对这位父亲说，"先生，我理解您提出的意见和看法。"然后，我提出了一个整合了这位父亲的观点和建议的解决方案——但是，我并没有满足于这样的结果。我同时还向这位父亲提出了几项意见和建议，以确保我们不会再犯同样的错误。我们最终达成了一个一致的行动方案，并且我调整了所有学生的评分规则对这位父亲指出的错误作了纠正。我并没有觉得自己的权威被削弱了或是暴露了自己的缺陷，相反地，我觉得这位学生家长的做法实际上帮助我变成了一名更优秀的教师。

不要试图瞬间化解和平息家长们的怒气，仔细聆听才是解决之道

有些学生家长变得如此沮丧和愤怒，但他们所需要的只是与你交流。如果在这样的情况下，你仍然试图快速化解和平息学生家长们的

怒气，他们就会认为你只是在"敷衍"他们，然后就会变得更加沮丧和愤怒。基于多年与家长们打交道的经验，我了解到与这种类型的学生家长打交道的最佳方式，就是花时间仔细地倾听他们的诉求。

但是，并非在所有的情况下，你都应该采取仔细聆听的做法。因为我依然记得自己曾经得到过这样一个建议，即当学生家长愤怒地大吼大叫时，你应该打断他们并明确地告诉他们你不能够接受学生家长以这样的方式来与你沟通和交流，并且应该在表达完自己的立场之后离开现场。

尽管我仍然相信在与家长打交道并且局面面临失控时，这个方法将会十分有效，但我也曾发现，当面对那些不具任何威胁性却受够了教师的这种冷处理方法的学生家长时，这种冷处理根本无效。实际上，这种做法反而会让学生家长们变得越发沮丧和愤怒。

事实上，直到我成为了一名教学管理人员，我才真正明白了这一真理。作为一名一线教师，每次想到要跟一位暴怒中的家长打交道，我就觉得头痛。我对这种情况的恐惧已经到了一种无法控制的程度，以致于每一次我都会准备和反应过度，并且在整个会面和交流的过程中一门心思为自己辩解，而忘了自己应该利用这样的机会为自己的学生找到改善或解决问题的办法。但是，作为一名教学管理人员，我的工作任务就是每天与各种各样带着怒气的学生家长们打交道，并且尽可能找到一个既能够保护教师，又能够将学生的权益最大化的问题解决方案。而在这样的情况和身份背景下，我的自我防备和保护意识及做法不可能解决学生的问题和家长及教师的诉求。

我仍然记得第一次以教学管理人员的身份与一位愤怒的家长打交道

的经历。另外一位教学管理人员十分惧怕这位学生家长，这位学生的各科教师也十分害怕与这位家长打交道。当时，我担任教学管理人员还不到一个月，并且真的还不知道自己的工作到底是要做些什么。这位家长的孩子当时参加了我们学校组织的专门针对情绪控制的活动项目，并且这位孩子的父亲也曾经有过对教职人员的暴力行为记录。我们当时已经与另外一个能够更好满足这位孩子发展需求的学校达成了一致的转学意见，但是仍然需要等候办妥所有的转学手续和流程这位孩子才能转学。一个周五的下午，这个学生自己离开了教室并且开始围着教学大楼疯跑。教职人员试图将他带回到课堂上，但是所有的尝试都无济于事。鉴于这位学生的暴力行为历史，专门负责这位孩子的教职人员建议我们直接致电孩子的父亲而非试图控制孩子的不良行为。当时，我是整栋教学大楼中唯一的一名教学管理人员，所以我当仁不让地要给这位孩子的家长打电话。

我十分紧张地拨通了这位家长的电话。我已经听闻过这位家长辱骂教职人员的过往行为，所以我在拨通电话号码之前就做好了被这位家长狂骂一通的心理准备。我的老天爷啊，我当时确实被骂得很惨。电话一接通，这位父亲就开始大吼大叫，大吵大嚷，还大声地责骂我，甚至威胁我说要起诉学校的做法。他的盛怒爆发了大约十五分钟，在这个过程中，我没有打断他，只是安静地倾听他的发泄。

当他终于发泄完自己的怒火并开始慢慢平静下来，我依然拿着电话好一阵子沉默得说不出话来，因为我已经完全震惊于这位父亲的尖酸刻薄及无礼。最终，还是这位家长打破了沉默。

"啊，你真是个不错的听众。"他说。

"谢谢。"我之所以这么回答，是因为我根本想不到自己还能够在这样的情形下说些别的什么。

"我会到学校来接我的儿子。大概二十分钟后就可以到学校了。"

而我可以坦白地说，这等待的二十分钟，是我整个教学生涯中最漫长的二十分钟。所有人，包括我和其他的教职人员，都十分紧张，因为我们根本不知道这位父亲到学校之后会有怎样的举动。当这位家长终于到达学校时，我走出校门去招呼他。但是这位父亲却看起来十分快活和愉悦。他跟我握了手，跟着我一路走进校园去接自己的儿子，然后他们两个人都跟着我进了办公室。这位父亲再次感谢我耐心地倾听了他的电话，并且就对我大喊大叫的行为道歉。他告诉我自己对学校的系统有多么失望和沮丧并且表达了自己对没有人愿意耐心倾听家长说话的愤怒。然后，这位家长再次感谢了我，并带着自己的孩子离开了学校。

其他的教职人员看到这位家长如此的表现，简直是目瞪口呆。因为他们从没想过这位孩子的父亲竟然也能够如此地有礼貌、冷静、友好而又亲切。

从那时起到现在，我不断发现对某些愤怒的学生家长来说，最有效的沟通方式就是安静地倾听他们所有的诉求和想法。我不会试图让他们冷静下来或是诱导、劝诱他们相信自己的做法。我只会安静倾听，无论他们的话听上去是好是坏。我并没有试图去管理或引导这些愤怒的学生家长，相反地，我会让他们尽情地宣泄长期以来压抑在自己心中的愤懑。与这些类型的学生家长打交道，你无需去解决有关他们的怒气的问题。你甚至也不需要去认同他们的观点和看法。你只需要安

125

静听完他们所有的宣泄。这样的做法对平息他们的沮丧情绪和怒气大有帮助，并且能够让这些家长回到交流的正轨上来，从而愿意倾听来自教师的观点和看法，愿意配合你的行动。

一些学生家长无论如何不愿意参与到孩子的学习和教育中来，这也是可以接受的

我曾经在给某些学生家长打电话时被他们大吼，因为他们觉得我打扰了他们的正常工作。我也曾乞求学生家长们更多参与到孩子的学习和教育中来，但是我得到的回复却是被这些学生家长告知身为孩子的教师，我就应该自己负责好孩子在学校的教育，而孩子的家长们则会负责孩子在家里的学习和教育。一开始，我根本不能认同这些家长的做法并且认为他们是不负责任的甩手掌柜。因为我觉得他们根本就不关心自己孩子的学业。但是对这些家长的批判根本没有为我的工作提供任何帮助。

为什么需要学生家长参与到自己的教学和教育工作中来？在大多数情况下，我希望得到学生家长们的支持，希望他们可以帮助我强化在课堂上教授给孩子们的知识。我认为，如果我不从学生家长的身上获得这些支持，那么我还能从哪里得到这些教学和教育上的支持呢？

在思考这个问题很长一段时间之后，我意识到如果没有办法让学生家长们在家庭教育中提供教学和教育的支持，那么我就不得不找到方法在课堂和教学的过程中为孩子们提供这样的强化。因此，我努力找到了一些方法来确保我的学生们不会因为缺乏来自家庭和家长的教育支持而出现学业的落后或退步。为了实现这一效果，我找到了一些

方法，在教学工作日期间为孩子们提供那些我认为他们必须得到的教学和教育支持。

并不是每一位家长都愿意积极参与到孩子的教育中来，而他们有着无数的理由来拒绝你的要求。有一些家长心中是愿意参与到孩子的教育中来的，但是他们的工作和生活却让他们无法做到这一点。有些学生家长则是干脆完全不知道要怎么插手孩子的学业和教育。还有一些家长自身的教育较为匮乏或是自己接受教育的过程十分糟糕，以致于他们干脆避免跟教师和学校打交道。身为教师，与其坐着嗟叹家长们不愿意参与孩子的学业教育这一不幸的事实，不如将这些时间花在寻找方法弥补家长对孩子学业教育的缺失上，以期达成你希望在学生身上实现的学业目标。举个例子，很多的学生实际上在完成家庭作业方面需要得到家长的监督和支持。如果学生们没有办法从家庭教育中获得类似的监督和支持，那么身为老师的我们有没有什么办法能够确保孩子们在学校就能够获得这些监督和支持呢？你可以尝试组织一个家庭作业俱乐部，并邀请志愿者在上课前和放学后帮助孩子们完成他们的家庭作业。或者你也可以采用一系列更加简便、快速的教学方法来实现这一目标。身为教师，你首先需要问自己为何需要家长的支持，然后在无法得到支持的情况下，积极寻找方法来确保在学校教学期间为孩子们补足此类支持。

不要成为搬弄是非的人

当你对一个学生的表现感到失望之后，你很容易就想要向这个学生的母亲诉苦并说这个孩子的坏话，而这却是一个教学陷阱和误区；

因为你希望这个孩子的母亲可以强迫自己的孩子，完成那些你身为教师无法要求他完成的事情。

千万不要这么做！

一旦家长们觉得你没有办法控制他们的孩子，他们将拒绝支持你的工作。我吃了很大苦头才意识到这一事实。我曾经教过这么一个学生，他的破坏性和捣乱的能量，他不尊敬师长的恶劣程度是如此严重，以致于我受够了每天都要在学校看见他这个事实，在他逃课的时候，我甚至觉得心情愉悦。我用尽了所有的办法，试图改善他的行为和表现，但是却毫无效果；无奈之下，我不得不给这个学生的父亲打电话。在我们的第一次通话中，我描述了这个孩子的行为表现并请求孩子的父亲在家里更多地教育和约束自己的孩子，以改善他在学校的表现。这位父亲十分乐意配合我的工作并表示愿意跟儿子谈一谈。之后，这个孩子的行为表现好了那么几天，但是快到周末时，他又故态复萌地回到了以前的样子。没办法，我只能再次给孩子的父亲打电话。他同意再跟自己的孩子谈一次；在他们谈话之后，他儿子的表现有了改进，但是这样的转变依然没有维持很长时间。

当这个学生再度开始胡闹时，我又一次给这位父亲打了电话。然后就是一次又一次地在孩子的行为出现问题时给孩子的父亲不断打电话。很快，这位父亲就厌倦了我这种"抱怨"式的电话沟通，然后他爆发了："好吧，杰克逊女士，你需要明白，我没有办法在履行我家长的管教责任的同时，还替代你完成一名教师应该尽到的教育义务。如果你根本没有办法掌控我儿子，那么我认为你也没有必要成为一名教师了！"说完之后，他啪的一声挂断了电话。

我目瞪口呆地坐在那里，久久没有回过神来。我不否认在听到这样的说法时，我也十分愤怒。我甚至开始责怪这位父亲并将责任推卸到他的身上。他把自己的儿子养成这么一个离经叛道的样子根本不是我的错，我不停地抱怨道。但是，在我这种义愤填膺的表现之下，我的心头总是萦绕着一种挥之不去的羞愧感，因为在某种程度上，我认为这位父亲所说的话还是有一些道理的。

因为我已经完全放弃了管理和监督这个学生行为的努力，相反地，我更倾向于在孩子出现不良行为时直接给孩子的家长打电话。而向家长抱怨本不应该成为我管理自己的课堂和学生行为的唯一方法。

真正的问题在于我根本不知道如何管理这个出现不良行为的学生。我所知的教育策略有限，而且没有一个教育策略在这个学生身上奏效。后来我才意识到，如果我能够在与这位孩子的父亲沟通的过程中，请教一下这位父亲在家里教育孩子时到底采用了哪些有效的管教方法，而非一个劲儿地抱怨孩子不听管教的行为和事实，我就应该能够从与这位家长的沟通中获益匪浅。

鉴于与这位学生家长的沟通触了礁，我向这位学生的其他任课老师请教，想知道他们采用了哪些有效的管理方法和策略。然后我尝试了这些教师提供的一些方法和手段，并获得了初步的进步和成功。然后我再次给这个学生的父亲打了电话，向他汇报了孩子在这一段时间以来

> 如果我能够在与这位孩子的父亲沟通的过程中，请教一下这位父亲在家里教育孩子时到底采用了哪些有效的管教方法，而非一个劲儿地抱怨孩子不听管教的行为和事实，我就应该能够从与这位家长的沟通中获益匪浅。

的改进和提高。我甚至可以从这位父亲的语气中听出他暂时减轻了担忧。每一个家长都希望听到孩子的老师表扬孩子，并肯定自己孩子的良好表现。这位父亲不吝赞美之词地感谢了我的致电，而正是这个电话，重启了我与这位学生家长的沟通渠道。虽然他的儿子并没有最终奇迹般地变成一个天使般的好学生，因为管教这个孩子对于我来说，仍是一项充满了挑战和挣扎的任务，但是我从这段经历中学到了至关重要的一课：向学生的家长们抱怨孩子有多差劲根本不能解决任何问题。

又经历和累积了几年的经验之后，我才终于找到一个向学生家长传达坏消息的成功方法。

按照这个成功的模式，我不再向家长们打电话并不停地抱怨和搬弄是非，相反地，我在与学生家长们的通话中，会采取下列步骤：

1. 告知学生家长们坏消息——但是确保自己同时也能够提供一个解决的方案。 我会首先告诉家长他们的孩子出现了哪些问题行为，然后分享我制定的、能够解决和改正孩子们在课堂上这些不良行为的方案。

2. 请求学生家长们的支持与贡献。 接下来，我会询问家长们对问题行为的解决有没有什么好的建议和办法，以及他们在家庭教育中采取了哪些对孩子行为改善有效的做法。我希望可以通过与学生家长们的沟通了解到是否存在一些能够让我的解决方案获得更好效果的方法或策略。这样的沟通方式给了学生家长们一个机会来陈述他们在家庭教育中是如何处理孩子的行为问题的，而这也会为我提供大量丰富的信息，从而帮助我来完善解决孩子行为问题的方案。

3. 寻求学生家长的帮助，明确地表达需要学生家长提供帮助的方面。 最后，我会要求家长们做一些具体的事，以支持我的行为管教行动计划，确保获得的效果可以在家庭中得到强化。我可能会要求家长们在家里强制安排一个家庭作业时间或是要求家长们每天都检查孩子的作业本。要求学生家长通过完成某些具体的任务来为老师提供支持和帮助，改善孩子们在课堂上的表现和行为能够确保家长们的积极配合，同时也能够让教师和家长在孩子的教育问题上达成团结一致的作战联盟。

4. 在结束通话之前，传达一些好消息或积极的事。 一般来说，在结束与学生家长的通话之前，我会确保自己向学生家长们传达了一些关于他们孩子的积极信息。因为我希望学生家长们知道，我十分喜欢他们的孩子，也十分乐意投入时间和精力来帮助孩子们获得学业和人生的成功。以积极、乐观的情绪结束与学生家长们的通话，让你能够持续获得来自学生家长们的长期支持和帮助。

基于我个人的经验，我发现这样的通话和沟通方式通常能够让我与学生家长之间的交流变得十分有效。因为学生家长们通常都十分高兴我能够将他们作为孩子教育的合作伙伴并且愿意支持我的方案和计划。

不要与学生家长联合起来对付学生

有的时候，学生家长们根本就不会反对来自老师的任何意见和建议。有的时候，学生家长们会选择直接站在教师这一边，并且十分乐意完成我们提出的任何要求。虽然这样的情况看起来让人十分愉快，我们也需要加以谨慎处理。因为在孩子的教育问题上，当所有的成年人都站到了一边，对于年幼的学生来说可能会变得有点不堪重负，尤其是当身为教师的我们和身为父母的学生家长们都对孩子的表现感到十分失望时。哪怕这并非我们的本意，但我们实际上仍是联合起来对付孩子了。

我仍然记得自己曾经陪同一个学生参加家长见面会的经历。这个学生已经拒绝了在学校完成任何作业。而她的父母对此已经是无计可施；她所有的任课老师也一样完全没有办法。我们聚集在一个房间里举办了一次家长见面会，但是很快，这场见面会就演变成了一次"不良行为干预和批判会"，因为整个房间里所有的成年人都在试图劝说和说服这个学生转变自己的想法和行为，并恢复她曾经甜美可爱的样子。这个学生当时正坐在我的左手边，我曾一度转向她，看着她的眼睛，十分严肃地告诉她，我们所有人的话语和行为都是为了她好。正当我充满激情地陈述我们所有人有多么关心和爱护她时，我可以很明显地看到这个孩子摆出了一副拒不合作、拒绝交流的姿态。

虽然在我讲话的全过程中，她一直看着我的眼睛，与我进行眼神的接触，但是我却感到她关闭了自己眼睛后面心灵的门。她完全是人在心不在了。

我从来都没有遭遇过类似的问题。当其他成年人开始讲话之后，我持续地关注着这个孩子的反应。她将房间里所有人都拒之千里之外，而我却根本不知道她为什么会变成这样。我们没有冲她大吼大叫，也没有对她进行体罚。我们所有人聚集在一起，都是为了帮助她解决问题，让她变得更好。

我当时完全无法理解这个孩子的行为，也不了解其背后的原因，但是后来我逐渐意识到，有的时候，哪怕我们联合起来的目的是为了帮助孩子解决问题，这一举动看起来就像是教师和家长们联合起来对付学生。在这个房间里，这个孩子生命中所有有权威和话语权的人都在同一时间聚集到了一起，而且他们还能够十分和睦地相处并处于同一战线，这对于孩子来说，是个不堪重负的事实。她感到自己已经无处可逃。但是，如果我们能够在家长见面会之前让孩子有个心理准备呢？如果我们可以让她拥有发言的权利并能够为自己争取权益呢？如果我们能让她也成为教育问题上的一个合作伙伴呢？事情的结果是不是就能够变得完全不同？

在与学生家长合作和打交道时，我们身为教师需要注意不要与家长们联合起来对付自己的学生。避免出现这一问题的最佳方法就是确保学生感受到所有人对他/她的支持，并且向学生传达这样一个观念，即所有的成年人聚集到一起是为了通力合作实现学生的利益最大化。

不要当着学生的面与学生的家长争执不休

在学生和家长见面会时，有的时候家长不会认同你的意见和观点。如果我们在处理这一情况时不够谨慎和小心，很有可能就会让学生陷入一个十分尴尬的处境，因为他们不得不在这个房间里为成年人进行调停和安抚。

孩子们可能会觉得自己不得不在自己的老师和自己的父母之间选一边站队。而最终的结果就是，无论学生选择了支持哪一方的观点，学生都会失去另外一方的支持和肯定。

有一次，我要求一个学生在课后留校作为惩罚，并给孩子的父亲打了电话告知这个决定。当我正忙于向这位家长解释为什么会要求他的孩子课后留校时，这位父亲无礼地打断了我，并且说道，"你怎么敢这么做！我现在立马就过来处理这件事情，而你，在我到达学校的时候最好在那儿，否则咱们没完！"然后他啪的一声挂了电话。

我很迅速地向自己的教学主管汇报了整件事情的始末，并在学校等着这位学生家长的出现。二十分钟之后，这位父亲风一样地冲进我们的学校办公室，并叫嚷着一定要跟我谈一谈。办公室的接待人员给我打了个传呼电话，我接到传呼之后从办公室下来，一路上心中充满了恐惧和惴惴不安。这位父亲十分愤怒地在走廊上踱来踱去，身后还带着自己的儿子。看到这一幕，我艰难地咽了咽口水，然后邀请他带着自己的儿子跟我到学校办公室的会议室谈话。因为我十分担心会发生一些我个人无法控制的事情，我邀请了学校的一位助理教学主管一同参加谈话。

这位父亲一坐下来就开始喋喋不休地指责和控诉我。他告诉我他受够了整个学年中我持续不断地对他儿子的骚扰和不公正对待。

"但是，爸爸……"他的儿子试图打断他的指控。

"这件事情交给我来处理！"这位父亲厉声对自己的儿子说。然后继续不停地咆哮和指责。"我的儿子绝对不会接受今天课后留校的惩罚，也不会参加你布置的期末考试。"他十分激动和愤怒地结束了咆哮。虽然我感觉自己坐在那儿听着这位父亲长篇累牍的攻击性责骂十分艰难和纠结，但我发现，这对于他的儿子来说则是更加的煎熬。这个孩子看起来十分尴尬而且对自己的处境感到十分的不适和难受。

"先生，能不能请你让孩子到会议室门外等候？"我问这位家长。

"为什么我要这么做？"他反击我说，"我的儿子完全有权利坐在这里参与整个过程。"

"您的儿子当然有权利坐在这儿，"我认同了他的说法，"但是，为什么我们不能将这当成是我们成年人之间的问题，就我们两个人处理就好？孩子完全没有必要听到我们之间所有的争吵和争执。"然后我转向他的儿子说，"亲爱的孩子，你为什么不让我跟你的爸爸单独谈一会儿呢？你到会议室门外去等候结果不好吗？"

"你怎么敢要求我的儿子。"这位父亲冲我大声吼叫。

"好吧，"我向他表示了异议，"那么为什么你不能请他到会议室门外去等候呢？"

这位父亲死死地盯着我看了一会儿，然后转向自己的儿子说，"你出去到会议室门外等着，等我们谈完话我来找你。"

当他的儿子走出会议室后，我转向这位父亲说，"你很爱你的儿子吧？"我主动开启了对话。

"是的，我的确很爱我的儿子，所以我绝对不会让任何人虐待他的。"这位父亲一边说，一边大力地拍击会议室的桌子。

"那么，你对自己的儿子有着什么样的期望呢？你希望他长大以后成为什么样的人呢？"我接着问这位父亲。

他向我描述了自己希望儿子具备的价值观和道德观以及他希望自己的儿子长大之后成为什么样的人物。我安静地倾听着他的描述。

当他说完之后，我问他，"那么，你认为让他逃课后留校对他成为你期望中的那种人到底有什么帮助吗？你的儿子已经承认了自己的错误。如果你身为家长阻止自己的儿子接受错误行为带来的后果，那么长此以往，你觉得你的儿子又会变成什么样的人呢？"

这位父亲沉默地坐着，眼睛盯着自己的手。"先生，"我继续说服他，

"我之所以这么做，并不是为了惩罚你的儿子。我只是想要让你的儿子亲身体会到自己的行为会带来什么样的后果，让他能够从这样的体验中学到经验教训，从而能够成长为你刚刚描述的、符合你期待的人。"

会议室里的沉默持续了很长一段时间。最终，这位父亲开口说，"好的。我会允许他按照你的要求来完成课后留校。"

"谢谢您的理解。"我一边说一边冲这位父亲点头。我明白这位父亲要做出这样的让步有多么艰难，尤其是在他气势汹汹地冲进会议室大肆咆哮之后。这位父亲需要在同意我的处罚之后做些什么来挽回自己的面子。所以我建议他："那么，在把你的儿子叫回会议室之前，我们最好商量一下要怎么告诉他咱们商谈的结果。我觉得应该由您来告诉他这个结果。您需要明确地告诉他，他必须接受我做出的课后留校惩戒并且向他解释原因。我觉得他最好从您的口中听到这些信息。"

然后我站起来，走到会议室外将这个孩子带回了会议室。这个孩子看起来明显被吓坏了。等孩子坐下来之后，这位父亲开始断断续续地向孩子解释为什么自己决定要他接受老师规定的课后留校。这个孩子听完自己父亲的话，并没有觉得失望，相反地，他看起来如释重负地松了一口气。很显然，这个孩子并不乐意接受课后留校的惩戒，但是对他来说，更好的消息是大人们不再为了自己的事情而争吵不休，自己也无需夹在中间左右为难。最终，我与孩子的家长在这个问题上达成了一致的看法和意见。

作为教师，你肯定听说过或亲历过与学生家长打交道的无数恐怖经历和故事，而且，如果你是一名刚刚接触教学工作的教师，那么你可能会感到要与学生家长打交道有点儿恐怖，并且觉得忐忑不安。有的时候，当学生家长给你打电话或是与你联系来探讨关于自己孩子的一些问题时，你甚至会感到自己遭受了充满敌意的攻击。

但是请记住，在孩子的教育问题上，学生家长应该是你的作战伙伴而非敌人。因为你们双方都想要为孩子提供最有利于他们发展的东西，哪怕现在你们双方根本不能就到底什么才是对孩子发展"最有利的"达成一致的理解和意见。

而且，哪怕在打交道的过程中，学生家长十分无礼、不尊重人、言行不当或者是极为粗鲁、具有攻击性，我也会努力试图将自己的关注点放在学生身上而非学生的家长身上。但是这样的观点也并不意味着我会放任学生的家长侮辱或是欺凌我——而身为教师，你也不应该在打交道的过程中侮辱或是欺凌学生的家长。同时，这样的做法意味着我不会将家长们无礼或不当的行为当成是针对我个人的敌对行为。这让我能够确保自己的关注点一直放在对学生发展最有利的事务上。

事实上，在多年的教学生涯中我发现，绝大多数的学生家长都是十分配合且愿意支持教师工作的；只要能够帮助自己的孩子获得成功，这些学生家长愿意做任何教师要求的事情或是付出任何代价，我相信你也能够从自己与学生家长们打交道的经历中体会到这一点。如果你能够全身心地呵护和培养他们的孩子，这些学生家长就会成为你最好的战友以及最大的支持者和拥护者。请记住，这些学生的家长将他们最珍视的东西交到了我们的手中——他们最爱的孩子。这样的信任是神圣而崇高的，如果你能够严肃对待这样一份信任与期待并且能够确保自己工作的重心一直放在对孩子发展最有利的事情上，你就能够顺利地、成功地与学生家长们打交道。

第六章

如何高效管理课堂教学

You Can Keep Things Running Smoothly

Managing Your Classroom

在我刚刚接触教学工作的前几年，我理所当然地认为所谓的课堂
管理就是让整个班的学生都在我的控制之中。因此，我课堂教学的中
心就完全放在了严格执行内容紧凑的课堂教学计划上。我不想让任何
人有机会指责我没有将自己的学生控制好。但是，大多数教师指导老
师并没有告诉我的一个事实是，课堂管理并不仅仅是关于学生的管理，
教师的自我管理在课堂管理中的重要性等同于学生的课堂管理。因此，
与其花时间来向诸位赘述你们可以在各种其他教师指导用书上看到的
课堂管理的各种手段和技巧，我更愿意与诸位分享一些其他书籍没有
告诉你的事情，而这些信息恰恰是能够帮助你成功实现有效课堂管理
的关键。我希望这些看似杂乱无章的分享与建议能够帮助你打开一个
全新的视野和视角，并且帮助你实现有效的课堂管理。

有时候，教师自身才是造成课堂约束性问题的原因

在课堂管理方面，我学到的最具启发性的一点就是课堂约束问题
和课堂激励问题二者之间的差别。"课堂约束性问题指的是具有以下
几方面特点的行为：（1）这是一种会干扰教学过程的行为；（2）这是

一种会侵犯到课堂上其他学生的学习权利的行为；（3）这是一种由身体上或是心理上的不安全感引发的行为；（4）这是一种有可能会造成公共财物损坏的行为。"而课堂激励性问题，从另一方面来说，则指的是一个学生自主选择和决定了不参与课堂的活动或是放弃自己的学习行为。就其本质而言，这两种问题之间的差异十分明显，也值得引起教师们的关注。

但是，很多教师通常会犯的一个最严重的错误就是将这两个问题混为一谈。当我意识到二者之间泾渭分明的差异之后，我在课堂管理和学生约束方面也学到了两个无价的经验。

基于前述关于课堂约束性问题的定义，我学到的第一个无价的经验就是有可能教师才是造成学生课堂约束性问题的根源。因为如果教师不恰当地或是不能有效地采用课堂管理的相关策略和技巧，或是教师没有精心计划和规划课堂教学的流程和内容，抑或是课堂教学的步骤和流程没有得到严格的执行，教师在课堂教学的过程中遵循了前后不一致或自相矛盾的教学步骤或流程，我们身为教师就很有可能会破坏正常的教与学过程并造成课堂约束性问题。

我曾经以为只有学生才会导致课堂约束性问题，但是经过一段时间的仔细观察和自我反省之后，我意识到身为教师，有的时候自己才是真正的问题制造者。我依然十分清晰地记得有一次我在课堂上要求所有的学生都必须安静地阅读材料。但是我随即发现一个学生并没有将她的课本拿出来。我大步朝她的座位走去并要求

课堂管理策略和技巧仅仅对处理课堂约束性问题有效；它们并不能有效解决缺乏课堂激励性的问题。

她立刻拿出自己的课本开始阅读。她解释说自己忘带课本了。我开始大声抱怨和指责她的行为，而这一做法不仅恶化了我与这名学生之间的互动关系，我抱怨的声音如此之大以致于严重分散了其他正在认真阅读的学生的注意力并干扰到了他们的学习行为。本质上来说，这个学生没有按照老师的要求将自己的课本拿出来并不是一个课堂约束性问题。反而是我身为教师对她没有拿出自己的课本这一行为的过度而绝望的反应真正造成了一个课堂约束性问题。

而对这一事件的体会和认识使我学到了第二个无价的经验：课堂管理策略和技巧仅仅对处理课堂约束性问题有效；它们并不能有效解决缺乏课堂激励性的问题。这就意味着教师们在贸然采取解决方案之前需要首先明白问题的本质，而这一点对有效地解决问题来说至关重要。在前面的故事中，我的这位学生没有按照我的要求拿出自己的课本，这在本质上是一个缺乏课堂激励性的问题，而不是缺乏课堂约束性的问题。在我真正意识到这两个问题之间的差异之前，我通常会采取解决缺乏课堂约束性问题的策略和方法来处理缺乏课堂激励性的问题，采用或奖励或惩罚，因果关系惩戒，以及胡萝卜加大棒等等处理策略和方法来解决学生们身上存在的那些顽固的学习抵触性问题。

但是所有这些做法都失败了，因为我根本就是采用了错误的策略和技巧来处理错误的问题。等我终于意识到两类问题之间的差异后，我最终能够找到处理正确问题的正确教学工具，而这一转变让我的课堂教学产生了翻天覆地的变化。

因此，在试图解决与课堂管理相关的问题之前，我建议诸位教师最好首先花时间来判断一下自己即将要处理的问题是课堂约束性问题还是课堂激励性问题。这可以确保你处理问题所采用的策略和方法是最佳方式，也能够保证课堂教学的正常进行。

一定要记住，身为教师的你不是学生们的同龄人

在我刚刚开始接触教学工作时，我教授的学生是高中三年级和毕业班的学生，这意味着我比学生只年长五岁。而且，我看起来比大多数的学生还要年轻。在一开始，想要树立自己在学生中的权威很困难。但真正的原因并非学生们不愿意接受我作为他们的教师，而是我个人很难接受和适应自己作为教师的权威。

我当时太年轻了，仍然想要做一个年轻时尚又酷酷的人。在工作时间之外，我的穿着打扮跟自己的学生没什么两样，我们听的音乐也是一样的，甚至我们看的一些电视节目也一样。有的时候，学生们走进教室的时候还会谈论到一些我也看过的电影或是我也关注过的一些名人的绯闻和八卦，而此时我就只能管住自己的嘴巴，不要加入到学生们热火朝天的八卦讨论中去。因为在课堂上，我的身份是他们的老师，而非他们的同龄人。在这种情况下，要时刻树立成年人的形象是一件极富挑战性的任务。

当我在几年之后作为教学顾问到另一所学校去监管一群新教师的教学时，我花了很大的力气才想起了自己也曾经有过类似的感觉和经历。这群新教师中有一名刚刚上岗的中学教师问题较为突出。她会每天穿着T恤、牛仔裤和人字拖来上班。我们竭尽所能地以最委婉的方式告诉她，她的着装应该更正式一些。但是她却直接回答说："这是她唯一能够买得起的衣服了。"我的同事和我都建议她如果不能够购买全套职业装的

话，她可以购买一些必备的单品，或是她可以去二手服装店或是折扣店购买便宜的衣服，抑或是她至少应该在上课的时候穿着能够盖住自己臀部的衬衫或是裙子。但是她却告诉我们这样的建议和做法早就过时了。而在经过几个月的教学之后，她开始注意到自己班上的男学生每次在她转身写板书时都会窃笑。而她与班上女学生互动时偶尔会感到那么一丝愤恨。她一直都不明白到底是哪里出了错，直到有一天她发现了自己的着装问题。事情的真相是每当她试图抬高手臂在黑板上写字时，她的T恤就会向上拉起，然后她的皮带和内裤上沿就会露出来。

而曾经与我合作过的另外一个老师也曾向我抱怨说自己的学生根本不尊重自己。有一天，当她再次跟我倾诉类似的抱怨时，我注意到她穿了一双毛茸茸的拖鞋，而非常规的适合正式场合的鞋子，因为她觉得这样的拖鞋比正式的鞋子更"适合"教师这份需要整天站着的职业。我指着她脚上的鞋子，十分温和地向她提出了建议，"我想，如果你能够稍微将自己的着装变得正式一些，你的学生们也就能够更加严肃和认真地对待你。"

她感到自己受到了冒犯并瞬间爆发："我选择什么样的着装跟这件事有任何关系吗？"她厉声冲我喊道。

坦白说，这就是造成问题的罪魁祸首。

我接下来要说的话可能听起来像是老生常谈，但是我仍然希望诸位新教师能够耐心地将这些内容阅读完。无论你教授的是几年级的学生，你的穿着打扮毫无疑问会传达出某种特定的权威性，而且这绝对不是我主观臆测得出的结论。着装的不同确实会导致教学效果和互动的差异。每一份职业都有其专业的制服或着装要求。如果你是一名律师，那么你在出庭时一定会穿着成套的西服。如果你是一位大厨，那么你在上班期间一定会穿着围裙、戴着厨师帽。如果你是一个区域销售经理，那么你在会见重要的客户时一定会穿着崭新的职业套装。哪怕是我，在主持重要的展演会时也会穿着成套的职业套装。

所以，你需要仔细思考一下，身为教师的你需要穿着什么样的职业服装。如果你的学生都是年纪较小的孩子，那么你无需每一天都穿着成套的职业装来上课。但是你仍然需要确保自己穿着的服装是低调的、合身的，并且能够承受那么一两次的胶水飞溅或是被弄脏。当你穿好所有的衣服之后，从各个角度来检查和审视一下自己的穿着，确保自己的内衣或是内裤不会在弯下腰时露出来。如果你教授的学生年纪较大，不要穿着牛仔服上班或教学。哪怕你穿着卡其裤或卡其服装，你也能够将自己尽可能地与学生们区分开来。而你的着装目标也能够顺利达成。因为，身为教师，你的穿着打扮应该能够让你和自己的学生区分开来。

但是，不仅仅是你的穿着打扮会树立和传达你身为教师的权威，你说话的方式和书写的方式也一样能够帮助你建立威信和尊重，同时也能够帮助你赢得学生家长们的尊敬和信任。

在自己的私人生活中你有可能也十分喜欢发短信聊天，但是当你在与学生以及学生的家长们进行沟通和交流时，你需要确保自己使用更为正式的语言。这就意味着不要在给学生家长们发送的邮件结尾使用LOL（大声地笑）等缩写，也不要在学生的作业上批注OMG

你需要在外表上看起来像教师，而非学生。

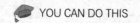

（我的天啊！）等非正式的缩写。

确保自己在书面表达和口头沟通过程中都尽可能正式能够帮助你在学生家长面前树立起一个庄重的形象，也能够帮助你在自己的学生中间树起妥当的行为界限。

如果你想要井井有条地管理自己的学生和课堂教学，那么行为界限实际上具有至关重要的作用。我曾经见过一位教一年级的老师，她甚至会邀请自己的女学生在周末到自己的家里开睡衣派对。她会一整晚都不睡觉帮这群女孩子弄头发，然后在第二天早上给她们做早餐。所有这些学生都十分崇敬和热爱她，而这位教师也十分享受自己身为老师酷酷的感觉。但是她很快就卷入了这群一年级女生不同派系的争斗，并且身陷其中厚此薄彼。很快情况就演变成了并非所有的女学生都会受到她的邀请周末到家中做客。不久之后，这位教师就在学生眼里跟学校里公认的"贱女孩"没什么两样。而属于这个教师"圈子内"的那些女学生很快就开始在学校里行使一些在周末的睡衣派对上从老师手中获得的特权，而其他的学生也很快注意到了她们的表现。很快，这位教师就不得不面临学生们在课堂上的公然反抗和抵触，同时也接到了很多学生家长愤怒的指责和投诉电话。

我曾经合作过的一位男老师既年轻又帅气，还带着那么一点"反叛诗人"的气质。他在当地的一所高中教英语，所有处于青春叛逆期的女学生都觉得他就是她们梦寐以求的白马王子。一开始，这位教师无情地击碎了所有学生对他的仰慕和幻想。他发现在周末常去的俱乐部、咖啡馆都能够遇到自己的学生，甚至是自己与朋友一同前往的音乐会上也能够看到学生们的身影。

有时候，他会随意地与碰到的学生们交谈几句，但是很快这些随意的交谈就变成了短信的相互聊天。一段时间之后，他的学生们开始将他当成自己的朋友，而非自己的师长。虽然我们一再向他强调和警告保持距离和界限的重要性，他依然满不在乎，觉得我们实在是过于古板了。因为他认为自己与学生们在课后建立起来的私人联系和交流，能够帮助他更好地调整和管理学生们在学校的表现和行为。但是，放松对距离的保持和对界限的坚持很容易造成的问题就是，当这样的放纵严重到了某种程度之后，教师的行为很有可能会最终越界。

你可能认为我将事情的严重性夸大了。但是你会发现同样的故事不断地重复发生，越界的问题一次又一次地出现。因此一定要记住，树立良好的约束性和行为准则的第一步，也是最重要的一步就是要设定行为和距离的界限并严格遵守它。

身为教师，你不是学生家长也不是他们的领导

从事教师职业的人并不都是一踏出校门就步入教师行当的职场新手。有些教师在进入教师行业之前从事过教育以外其他行业的工作。所以，当你很清楚自己不是学生们的同龄人时，你也可能会面临一个与这个问题完全相反的挑战：那些帮助你在上一份职业中获得成功的身份和定位，无论是家长身份，还是祖父母身份，甚至是同事的身份，都不一定能够帮助你在课堂上获得成功和肯定。

当我与那些在成功将自己的孩子培养成人之后，再进入教师行业的新教师合作时，我经常发现他们会试图以家长的身份来教育和培养自己的学生。

他们试图将培养自己孩子的那些方法和技巧运用到教学中，然后发现自己的技巧在学生们的身上却是屡屡失败。事实是，家庭的教育和培养与学校的教育和培养有着本质的区别和差异，这就是为什么那些在家庭教育中有效的手段和策略用在学生的教育和培养上会遭遇彻底的失败（这个道理反过来也同样适用）。

那些在进入教师行业之前，曾经有过十分成功的其他行业经历的新教师通常会犯的一个错误就是，用自己当年管理办公室的方法来管理自己的课堂，用自己当年监管自己下属员工的策略和手段来管理自己的学生。在执行这些策略的过程中，这些新教师期待学生能够展示出自己当年成功的状态。这些不切实际的期待注定要遭遇失败的结果，因为在从事教学和课堂管理的几周之后，这些新教师就会对自己的学生在课堂上的表现感到震惊，开始怀疑和猜测学校的管理方式可能与自己曾经从事的行业完全不同。

我曾经指导过一名教师，她虽然刚刚涉足教育行业，但她已经成功地创办并运营自己的公司很多年。她已经快六十岁了，而她之所以选择在这个年纪涉足教育是因为她觉得自己如果从事教学的话，可以回报社会并为年轻人在未来的成功提供一臂之力。因此她报名参加了一个为期两年的教育硕士学习项目，并花了整整两年的时间来努力学习如何成为一名教师。她是一个好学生，获得了特别优异的成绩并且得到了所有授课教授的一致推荐和赞扬。她认为在做出了所有这些准备和努力之后，她已经准备好了成为一名优异的教师。

但是在拥有自己的班级并开展教学活动不久之后，她发现自己的教学完全失败了，即便她的教学计划和方案写得十分漂亮。

　　她十分精心地准备和组织了课堂教学流程和环节，还采用了一系列的教学策略和方法，但始终没有办法让闹腾的四年级学生们安安静静地坐下来好好学习。在我见到她的时候，她已经完全不知所措了，根本不知道如何是好。对于教学和课堂管理，她每一件事情都按照"正确"的方式来操作；她也严格执行和应用了自己的教学主管或是教学指导员提供的每一项建议和反馈；在课堂上试验和运用了从教学工作坊中学到的或是从教学期刊里看到的每一个教学策略和方法；同时严格规范教学，按照课本的要求开展自己的教学。她之所以茫然不知所措，是因为她不明白到底为什么所有这些方法和策略没有一个能够成功。

　　在仔细观察了她的课堂，并在课后与她进行了详细交谈之后，我找到了她的问题所在。她对待和处理教学所采用的那些方法和策略，与那些帮助她获得商业成功的方法和策略完全相同，即她选取最佳的教学实践方法和策略，然后将这些方法和策略运用到课堂教学中，之后坐等这些方法和策略产生积极的效果。不仅仅如此，她管理课堂和学生的方式跟她曾经管理公司和职员的方式一样。但是，她不得不意识到一个事实，四年级的学生与公司的职员是本质上完全不同的两群人。因此她身为教师，需要采取完全不同的处理和管理策略和方法。

　　课堂的教学和管理完全不同于你之前经历过的任何职业。因此你需要采取和运用一套完全不同的策略和技巧。虽然你个人丰富的人生经历能够变成教学生涯的一个优势和长处，比如这些经历能够让你变得更加面面俱到并且能够多角度处理问题，但这些经历不一定让你一开始就胜任激励和管理一群年幼学生的学习活动。来自其他行业的一系列丰富的从业经验能够成为你课堂教学和管理的优势。而你真正面临的挑战是如何在发挥这些经验的价值和优势的同时确保自己保持一种开放的心态，学会一种与曾经的职业经历完全不同的思维模式，从而能够真正理解教师职业的需求并获得成功。

一定要记住，教师的职责是教学，而非控制学生

课堂管教和约束的本质目的并不是控制课堂或学生。你的工作职责并不是要求或强制学生实现良好的行为和表现。你的工作职责是帮助学生们学习，而你如果无法维持课堂教学的纪律和规则的话，这一目标也不可能实现。

控制课堂和管理课堂之间的差异十分微妙，但却是个至关重要的问题。因为如果你试图控制课堂，那么所有的责任和压力就落到了教师的肩上。你需要时时刻刻确保学生按照你的要求完成那些你希望他们完成的事情，同时确保他们不会做出那些你不希望他们做出的行为或举动。

而课堂管理则完全不同。在课堂和教学管理的过程中，教师和学生的关系更像是合作伙伴而非控制者和被控制者的关系。在这个过程中，身为教师，你有责任为学生们营造一个最适合学习的环境和氛围，而且你需要帮助学生们自主地选择和决定从事那些对学习和发展最有利的事情。你的工作职责不是控制学生们的行为而是完成那些对学生的学习和发展最有利的事情，最终教会学生们管理自己。

而课堂和教学管理中最难的一个部分就是，如何教会学生们自主管理和约束自己的行为。对于一名新教师来说，通过制定规则，实施奖惩来自主控制学生和课堂看起来像是一个更容易完成的任务。有很

多的教师在自己全部的教学生涯中都采用了这种强制控制方式。

表面看来，这些被教师强制控制的课堂井井有条，所有的学生都十分专注于学习任务并且都从课堂教学中学到了东西。

但是，一旦教师开始放松或是背对学生时，学生们都在做什么呢？这些学生会瞬间恢复自己之前被压制的行为。所以，即便教师管理学生的行为有着诸多的短期效应和好处，相较于帮助学生们自主管理行为而言，这个方法并没有那么有效。当学生们能够自主管理自己的行为，无论教师是否监督或在一旁观察，他们都能够行为端正。

如果你认为课堂和教学的管理就是对学生和课堂的控制，那么你就很有可能会采取那些压迫或逼迫性的管理手段，确保所有一切都尽在掌控之中。但是，如果你换个角度思考，将课堂和教学的管理当成是帮助学生们学会自主管理自己的行为，那么，学生们身上出现的任何一个约束性或纪律性问题都能够成为进行教育的好时机。而这些做法将最终让你的管理方法和与学生相处的方式产生显著的变化和改善。

永远也不要羞辱学生

最近，我正在观摩一个刚刚踏入教师行业的新教师的课堂，而我的所见所闻不仅仅让我十分愤怒，也让我感到深深的悲伤。他正在教授一节数学课并且变得十分沮丧和失望，因为他的一些学生完全不能够明白和理解他讲述的概念。他不停地告诫这些学生要花更多的时间并且更加注意听讲。

但事实上，那些存在着最严重的理解和学习问题的学生都一直在十分认真地听课，可他们还是没有办法理解老师所讲的内容。另外一个学生一开始还十分努力地试图理解教师讲授的内容，但是不断的失败之后她最终放弃了尝试，并且开始摆出一副"我根本不在乎"的学习态度，然后她开始干扰认真学习的其他同学。最后，这个不愿意将注意力放在学习上的学生把老师弄得心烦意乱又失望透顶，他直接将学生的桌子挪到了一个无人的角落，远离班上所有的学生并训斥她说，"这就是为什么你完全听不懂讲课内容的原因。如果你能够将自己的注意力都放在学习上并好好听课，你早就听懂了。"

被训斥的学生翻了翻白眼，然后开始在自己的课本和作业上乱涂乱画。这个教师走回讲台继续解释数学问题。大概三分钟之后，另外一个学生在回答问题时给出了一个错误的答案，随后这位教师停止讲课，并蔑视这个回答问题的学生说，"你真的认为正确的答案是'y'吗？"

这个学生无视教师的责问，悄悄地坐回自己的座位上，耸了耸肩。

此时教师转向另外一个正在努力试图理解问题的学生，问道，"你是不是也认为正确的答案是'y'？"

那个被问到的学生也耸了耸肩，没有回答。教师大步走到了教室的前面，然后说，"认为正确答案是'x'的请将你的大拇指朝上举手，认为正确的答案是'y'的大拇指朝下举手，如果你不知道正确答案是什么，那么将你的大拇指平放举手。"

学生们纷纷做出了反应，将自己的手举起来。有三个学生将自己的大拇指平放举手了。这个教师扫视了一遍教室，然后发现自己之前挪到角落的那个学生也举手了，而且将自己的大拇指平放了。这个教师转了转眼珠子，想出来一个主意。

"好了，所有将大拇指平放的学生都站起来。"他大声发出了指令要求。三个将大拇指平放的学生按照教师的要求，站了起来，"好了，所有坐着的同学都可以给自己作业加上十分。"所有坐着的学生都在自己的作业上加上了十分。所有站起来的学生都低垂着头默默地站着。然后这位教师开始严厉地责骂这些站着的学生。"你们这些人之所以完全不知道要选择'x'还是'y'就是因为你们完全不听讲。你们需要更集中注意力听课。好了，你们可以坐下了。"这些学生静悄悄地坐回了自己的位置上，默默地盯着自己的作业看。而这个教师则继续开始讲课。

看完这一幕的我，坐在那里目瞪口呆，心中却充满了怒火。这位教师自己并没有意识到，但是我作为旁观者却看到了这位教师是如何彻底粉碎了那些被斥责的学生的学习动力和激情的。这个教师以为自己的做法能够打醒学生并帮助他们进步，但事实上，他的所作所为只会让学生们觉得自己很愚蠢。这位教师从来都不会回过头来询问这些学生是不是理解了所讲述的内容，而作为一个全程观察的人，我可以很负责任地告诉诸位，这些学生从头到尾都没有听懂讲课的内容。

现在，你可能在看完我对这个课堂的描述之后感同身受，也感到十分震惊和愤怒，正如我当时的感受一样。但是相信我，这位教师的做法并非个例。如果我也需要坦白地承认自己的错误，那么我不得不承认我自己也曾经对一个学生特别失望，采取了一些举动来羞辱他。有的时候，在极端情绪的驱动之下，我也会忘了自己是学生们的老师，并且做出跟学生们同样糟糕的举动。

我曾经犯过的最严重的一个纪律性错误就是我将学生出现的所有问题都当成了私人的恩怨和矛盾。如果学生们拒绝听从我的指令，我就会将怒火都撒到他们的身上。如果他们拒绝完成自己的作业，我就会将这个行为当成是对我个人的冒犯和侮辱。如果学生们在上课的过程中趴到了桌子上，我就将这样的动作认定为是学生们对我的教学和课程的责难。当然，现在的我完全明白，学生们的这些举动很有可能并不是针对我个人而来的。

学生们违反课堂纪律的行为，或是拒绝完成家庭作业的行为，抑或是在讲课的过程中睡觉的行为等，背后的原因可能是多种多样的，而且基本上这些原因都与任课教师无关。当我终于学会不再将学生的问题行为当成是教师与学生之间的个人恩怨，也就能够将自己关注的重心从自己遭受了学生怎样的冒犯和挑衅，转移到我要做些什么来真正帮助学生改善他们的行为。

身为教师，你肯定会对学生感到失望，而很多时候，你的失望情绪是正当的。但是你的失望和沮丧情绪永远都不是——让我再次强调一遍——永远都不应该是你羞辱自己学生的理由。我们拥有帮助学生成长和发展的能力，但是同时，我们也具备了对学生造成不可挽回的创伤的能力，如果我们不能够谨慎地处理和使用自己的这种能力，我们就有可能犯下无法弥补的错误。我们对学生们一时的失望，对他们采取的一个错误惩罚或举动，对于学生来说，就有可能会影响到他们一生的发展。因此，我们要格外注意自己的情绪和行为。而且一定要注意不要因为学生的不良行为或问题而失去对自己的控制，从而导致事态的失控。

课堂和教学的管理有可能是所有教学工作中最艰难的一部分，尤其是当你还是一个刚刚接触教学工作的新教师时。你可能要经过一段时间的摸索和体验之后才能够真正找准自己的定位，树立自己教师的权威并找到帮助自己实现最佳教学效果的方法和策略。你在求学生涯中学到的教学技巧和策略可能会有助于你的教学工作，也可能完全没有效果，而找到真正对自己有效的教学方法和技巧并加以组合的过程，很大程度上来说，就是一个不断地反复试错和试验的过程。

对于新教师来说，更具有挑战性的是，对一个学生有效的方法和策略，可能对另外一个学生完全无效。

我跟诸位分享这些的目的并不是让诸位感到绝望或沮丧，而是希望诸位在最初几年的教学生涯中不要给自己和学生设定一些不切实际的期望。所有新教师在刚刚从事教学工作的初期，都会面临课堂和教学管理方面的困难和挑战。所有新晋的教师都需要自己找出对自己的教学工作最有效和最有利的教学方法和策略，而且所有的教师，无论是新教师，还是经验丰富的老教师都需要持续不断地调整自己的课堂和教学管理方法和策略，这样的调整将会贯穿我们的职业生涯始终，因为我们会教授不同的班级，遇到不同的学生并且需要为学生们提供个性化的学习支持。这将是一个持续不断进行的过程。

市面上已经出版了一些不错的关于课堂和教学管理的著作，而我也鼓励和建议诸位新教师去阅读和学习这些著作。这些著作中包含了一些十分有用的教学策略和技巧，你们可以将这些策略和技巧添加到自己的教学积累中去。但是我需要警告各位的是，不要将所有看到的教学策略和技巧都当成是万能的解决方案。你需要在阅读的过程中鉴别哪些是对你有用的策略和方法，而且需要花一段时间来反复的试验和反思，确保自己所学到的每一个策略和技巧能够真正对教学和学生起作用。不要对自己过于苛刻，因为你需要知道，哪怕你在第一次试验甚至是第十次试验之后失败了，你的学生也会原谅你的错误。明天总是新的一天，而你总会有机会再来一次。

第七章

如何从教学错误中成长

You Can Bounce Back

Recovering from Mistakes

接下来，我将会告诉诸位一个故事。在这个故事中，我犯了自己教师生涯中最尴尬和难以启齿的一个错误，但是你们要保证自己在看完这个故事后别捧腹大笑或是乐不可支。

在我教学生涯的前几年，我曾经教授过一个有着28个学生的班级，班上有23个男生和5个女生。而且，我的课程被直接安排在了学生的午餐时间之后，中间没有任何的休息时间。不仅如此，我当时甚至没有属于自己的上课教室，因此不得不开着一个大货车辗转于不同的教学楼之间接不同班级的学生到自己的货车上来上课。但是很幸运的是，在教授这个班级的课程时，我有幸得到一位同事的赞助，借用了她上课的教室。因为这位教师同事不喜欢学校古板的教室装饰，她自己动手将自己的教室装饰成了客厅的样子，用台灯替代了学校统一安装在教室天花板的日光灯，因为她觉得日光灯的灯光太过刺眼。并且在墙上挂上了各式各样的艺术品，而非学校统一的教室海报。不可否认，这是一个装饰得十分温馨和美丽的教室，但是这位同事用心营造的家庭式的温馨感和归属感并没有感染到这群特殊的学生，因为他们将所有温馨和体贴的装饰和设计都当成了恶作剧的道具。

按时开始正常上课成为了第一个挑战和难题。因为学校允许学生到校外吃午餐，我的很多学生根本就不能够在午餐之后按时返校上课。

他们通常会在下午的上课铃响了五分钟或十分钟之后才慢慢悠悠地走进教室。而让他们安静地坐下来并完成自己的学习任务则成了一个巨大的挑战。学生们最不愿意做的一件事情就是分析句子的语法结构或是阅读文章并找出伊丽莎白最终到底有没有跟达西先生在一起。在一开始上课时，学生们都十分亢奋并吵闹不休，因为他们刚刚吃完了午饭，正处于精力过旺的时候，但是接近课程的尾声时，随着体内糖分的消耗和流逝，这些孩子会迅速睡着。

我尝试了所有的方法和技巧。我的意思是，我用尽了所有拿手的课堂和教学管理方法和技巧。我尝试过让他们参与到充满趣味的讨论中去，但往往不遂人愿，例如，我们一开始布置的任务是从学术研究的角度来探讨奥赛罗的动机，学生们最终却开始一脸猥琐地探讨奥赛罗的性生活状况，无论我多么努力地试图将讨论的内容和重心拉回正轨，一切却都完全失控了。为了让学生们保持参与学习任务的积极性，我也曾努力地主动配合学生的学习活动，但是却很快发现，他们对于彼此之间相互打闹和取笑的兴趣要远远大于一起合作完成老师布置的学习任务。我甚至还专门找时间在辅导室给学生提供额外的学习建议和辅导，并试图劝说班上那么两三个学习最困难的学生调课到其他时段，甚至是调到其他老师的班上去。我以为如果我可以借此分解这些捣乱的小团体并将扰乱课堂的大坏蛋转移到其他班级去，我就可以将课堂教学拉回正轨。但是让我失望的是，所有这些尝试和方法都没有产生显著的效果。

但我也不能说这些尝试完全失败了，因为唯一创造了积极效果就是一沓又一沓的作业。看起来，只有这些强制要求完成的作业才能够让我的学生们安静下来并开始学习。虽然总的来说我个人的教学风格更倾向于鼓励和激发学生参与到学习活动中的积极性，而且我对那些除了布置作业之外什么都不做的老师充满了质疑和担忧，但很快我也变成了一个只会不停给学生布置作业的老师。作业——虽然我个人十分质疑它的功效和作用——成为了我当时能够采用的唯一最有效的课堂管理工具。

有的时候，我也可以保证学生们在全天四到五堂课中都能够积极参与。我能够在课堂上设计很多积极、有趣的讨论活动来挑战学生的思考能力，也可以设计有趣的教学安排来深化学生的思维能力。一般来说，当天的前四节课我都能够按照自己理想的教学方式来开展教学活动。但是每天的最后一节课（第五节课），我都会成为自己最讨厌的那种教师：我会给学生们发试卷或是布置课堂作业并要求他们自己完成。

虽然我很羞于承认自己十分依赖布置作业，并将其作为一个有效的课堂和教学管理的手段，但是在这个故事中，布置作业并不是让我感到尴尬万分的原因。

有一天，学生们正在安静地完成我布置的一项作业，而我正在帮助一名学生解答问题，然后我听到自己身后一阵骚动。我转过身，发现教室里的一盏台灯着火了。

我目瞪口呆地站在原地好一会儿，眼睁睁地看着火舌渐渐吞噬了整盏台灯。班上那些点着台灯的男孩子们从自己的位置上跳起来，迅速跑离了现场。而其他的学生则默然地坐着，着迷地看着愈烧愈旺的火势。班上的一个女学生开始大声尖叫，浓烟迅速蔓延到整个教室。教室里乱成了一锅粥，而我却只是呆呆地站在原地看着被火苗吞没的台灯——就好像我的教学生涯正和这盏着火的台灯一起淹没在了熊熊的火焰之中。

我却只是呆呆地站在原地看着被火苗吞没的台灯——就好像我的教学生涯和职业正在和这盏着火的台灯一起——淹没在了熊熊的火焰之中。

离着火的台灯最近的一个男生转过身来开始用自己的外套扑打火焰。着火的台灯被拍打到地上摔碎了。然后他迅速开始想用脚踩灭火苗。另外一个男生则拿出自己偷偷带进教室的苏打水倒在了破碎的台灯上。经过轮番的拍打、脚踏和泼水之后，破碎台灯上的火苗总算是被扑灭了。地上只留下来黑乎乎的一片狼藉，有被烧焦的金属，破碎的玻璃，燃烧后的灰烬以及橙色的苏打水。

接下来就是死一般的寂静，落根针的声音都能够听到。全班的学生都在静默中等待着我的反应。我站在那里，死死地盯着支离破碎的台灯，开始慢慢地反应和醒悟到底发生了什么事情。我的学生在教室里纵火了！我的教学主管会杀了我的。学生们的家长也会杀了我的。朱迪——跟我分享这个教室的教师同事也一定会杀了我的。什么样的教师才可能允许自己的学生在教室里纵火啊？

烧焦的台灯散发出阵阵恶臭，而我也被浓烟呛得开始轻微地咳嗽。最终，我找回了自己的理智，并且安静地询问学生到底发生了什么事情。学生们已经被突发的火灾吓得目瞪口呆，完全没有撒谎的能力。

两个男生承认他们当时正在玩即兴的投篮游戏。他们将纸团当成了篮球，将着火的台灯当成是篮筐。然后他们扔到台灯顶上的纸团忽然间着火了，火灾就发生了。

"现在，你们俩收拾一下自己的东西，然后到学校办公室等着我。"我向两个男生下达了指令。然后我转向另外一个学生说，"你去找一下弗洛里斯先生（他是我们学校的管理员），然后告诉他我们这边发生了一个小事故。"随后我转向剩下的学生，说："你们把自己的桌子都搬到教室的这边来，然后多打开几扇窗子。"学生们开始战战兢兢地行动起来，一边遵照我的指令，一边偷偷地观察我的脸色。

他们知道这次闹大了，并且等着我的怒气爆发。我当时也很想大发脾气，想不管不顾地大闹一场。但是我当时太恐惧，太害怕自己的教学生涯会就此终结。虽然我在不断地向学生们发出指令，试图让他们恢复正常的学习状态，我的脑海中却也一直在反思和猜测接下来到底会发生什么。教学主管一定会把我叫到他的办公室吧，他一定会冲我大吼大叫，因为我让学生身陷危险之中，然后会命令我立刻打包行李，离开教学大楼。我会登上教育系统的黑名单，然后被终身禁止从事教学工作。我甚至有可能登上地方的报纸，新闻报道的标题可能会是："无良教师允许学生在教室里纵火"。我可能会沦落到去麦当劳打零工，而且只能做收银员，因为没有一个思维正常的人会让我靠近炉子，毕竟我刚刚引发了一场火灾！

这是我从事教师行业以来所犯下的第一个重大错误，但是这并非我犯的最后一个错误。很久之后（而且是在又犯了几个其他的失误之后），我才终于学到了这样一个宝贵的经验：身为教师，你一定会犯错。接受这个事实，因为你不可能让自己变成永不犯错的圣人。是的，你可能会在教学生涯中犯下大大小小的无数错误，但是你也会意识到，如果你允许自己从错误中反思、学习和成长的话，你所犯的错误实际上是你最好的老师。下面列举的几个方法能够帮助你将自己所犯的错误变成自己最好的老师：

首先坦率地承认自己所犯的错误

在我从事教学工作的很多年里，我一直很害怕自己会犯错。因为我认为，作为一名教师，我需要保证自己永远是正确的。我拼命地工作，以确保自己是教室里最聪明的人，永远能够正确地为学生答疑解惑。而如果我的学生问了一个我根本不知道答案的问题，我会直接编造一个答案。

如果我犯了一个错误，我不会直接承认，而是会想方设法地掩盖自己的错误。这样的状态持续了很多年，直到我终于学会放松自己不再紧张，我的教学效果才真正开始变好。我开始允许自己的学生发现身为老师的我也会犯错，然后承认自己所犯的错误，并采取行动来纠正这些错误；这一过程让学生意识到他们也可以在学习上犯错。身为教师，我承担的教学风险越大，我就越能够为学生营造安全的学习环境，他们也就能够更加放心地去挑战和试错。最终，我的课堂成为了一个学生们能够真正放开自己并真正学到东西的地方。

我的一位好朋友曾经跟我分享了自己如何从所犯错误中受益。当时，他从事教学工作尚不足一年，而且当时他特别渴望自己能够成为一个很棒的教师。他整个暑假都花在了教学和课程设计以及备课上，并且迫不及待等着新学期开学大展身手。但是他的第一堂课变成了一场灾难。他精心设计的教学步骤和流程被32个异常活跃的七年级学生破坏得支离破碎。这些胡闹的学生根本不在意他精心设计的教学指令，也不关注他对自然科学实验的要求和指导，这些学生更喜欢拿着实验室提供的量尺来一场模拟的剑术决斗。他成为一名顶尖教师的梦想很快就破灭了，因为他的教学效果和课堂管理变得越来越糟糕。他意识到自己的教学设计根本没有任何效果，但是他也发现自己完全陷入了在学年初设计的所有课程框架和教学规则的条条框框里。他觉得自己根本没有办法改变当前的教学计划和安排。

最终，在一个星期五的下午，他对自己设计的课堂教学框架和流程完全失去了信心，因为很明显所有这些设计都没有能够实现有效的教学，而他自己也不能继续容忍这样的状况。于是在那个周末，他回到家之后开始重新设计自己的自然科学实验课程，并尝试在教学的过程中为学生们提供更多的引导和指令，同时保持学生们动手实验的兴趣。

在接下来的周一，上课之前他明确地告诉学生说他认为自己之前设计的课堂教学没有取得任何的效果。然后他向学生们展示了全新设计的自然科学实验课的流程。让他感到惊讶的是，学生们很快地接受并参与到全新设计的教学流程中来。他的课堂教学和管理效果也因此变得越来越好。事后他对我说，"如果当时我没有冒险制定全新的教学规划，我就有可能整个学年都遭受糟糕教学效果的折磨。我很高兴我能做出这样的改变，它改变了整个事情的走向。而这次经历也让我意识到，身为教师，你永远都有机会重新设计自己的教学规划。"

时至今日，他仍然会与新教师们分享这个经验和建议。身为教师，你永远都有机会重新来过。如果你发现某个教学设计的效果不好，你也无需强迫自己继续坚持。你可以重新定位，改变设计然后调整教学的重心，你总是有机会重新开始。

我自己也无数次地实践过这个方法，有的时候甚至是在一堂课进行到一半的时候。当我发现某个教学的设计无效时，我会调整教学的流程。我会重新定位教学的目标。当我发现教学的反映平平，或是教学规划没有取得预期的效果，抑或是在规划过程中看起来效果不错的教学规划并没有在实践中产生实际的效果时，我就会做出改变。正如那句老话说的，如果你骑的马死了，你就应该换一匹。作为教师，你也无需将自己的思维牢牢绑定在一个自己已经知道完全无效的教学策略或设计上。你需要做的就是重新定位、重新开始，然后再次尝试。

你完全有权利这么做。

学会用正确的方式来面对和处理失败

虽然每个人都痛恨失败，但有些失败是无可避免的。而失败也是一名教育者学到经验教训的最有效方式之一。事实上，在与每一位顶尖教师的经验交流中我都会发现，当我问及到底在什么时候他们觉得自己最终达到了顶尖教师的水平时，他们的回答通常是在一次重大的失败之后。

他们从这个重大的失败中学到的经验和教训填补了他们在教学实践中所缺失的东西，并帮助他们从好教师突破成为优秀的教师，并最终让他们成为了顶尖的教师。

而对于我个人来说，这样一个突破和顿悟时刻的来临是因为我终于意识到，虽然自己能够特别有效地教授某一特定类型的学生，但在教授其他类型的学生时却不一定成功。而造成这一失败的根源在于我给学生提供的反馈。作为一名英语教师，我花了很多的时间和精力在学生作业的批改和评论上，认为这些评论能够帮助他们提高学业表现。我曾经专门学习和研究过如何给出具有指导性的作业反馈和评论，并且十分仔细和精心地给每份作业都给出最多不超过两个总结性的指点或指令，以帮助学生在以后的学习中着重提高我所指出的缺点。同时我也十分努力地想要指出造成学生写作困难和问题的根本原因。即便如此，我的学生也没能提高自己的写作能力和水平。大部分学生会无视我给出的评论和指点，直接将作业扔在一边。其他学生会试图按照我给出的指点来解决自己的问题和缺点，但是我却发现他们再次交上来的写作作业变得更加糟糕了。只有一小部分学生能够正确利用我给出的指点和评论来提高写作能力。

　　一开始，我将失败的责任推到了学生头上。我会因为他们无视我在作业上给出的评论和指点而大发雷霆或是在他们一次又一次犯下同一个错误时生闷气。我开始有意识地给出有针对性的指点和评论。对某些学生，评论变得更少；对有些学生，评论变得更多；而对有些学生，我甚至不予评论。我会与学生们坐下来一起回顾我在作业上给出的评论和指点。我甚至要求学生们誊写我在作业上给出的评论和指点，向我解释他们在随后的写作中都是如何改正我之前指出的问题的。但是，所有这些做法都失败了。

　　我知道自己让学生们失望了，但是很久之后我才终于意识到，有可能是我的评论和指点出了问题，导致了学生们的失败。相较于自我反思和检验失败原因来说，直接责怪学生们或是转而寻找更加有效的解决方案看起来更简单和容易。

　　我仍然清晰地记得，自己终于愿意承认失败的那一刻的场景。我当时正在参加一场学校组织的会议，并且试图偷偷地在下面批改学生交上来的作业。我当时刚刚看完了一个学生提交的作业并且心中的怒火在升腾。因为这个学生无视我给出的所有评论和指点以及有针对性的改正意见，再一次在写作中犯了同一个错误。我记得自己将这份作业放在了食堂的桌子上并且呆呆地看着自己面前的饮料机。在帮助这些学生提高自己的写作能力方面，我彻底失败了。我最终向自己承认了自己的错误。当时的感觉无比糟糕。而我也不知道自己到底该怎么办。如果我没办法帮助学生们提高自己的写作能力和水平，那么我不仅仅让自己的学生失望了，作为一个写作课的教师，我的教学工作也失败了。我当时特别想痛哭一场。

　　但是，单纯承认自己的失败和"从失败中崛起"存在着巨大的差异。虽然当时我感觉很糟糕也很沮丧，开始用不久前与学生们分享的一个道理来激励自己，即只要付出正确的努力，任何人都可能实现目标，而对我来说，承认自己给出了不合适的反馈和评论反而将我从困境中解脱了出来，我不再执着于让这些评论或反馈产生效果，也不再为这些失效的评论和反馈寻找借口和理由。想通了这一点之后，我不再试图采用各种方法来逼迫学生使这些反馈和评论产生效果，我也不再因此责备学生们。

　　当我终于能够直面并且承认自己的失败，便停止了错误的尝试和努力，不再试图纠结于要如何解决这个问题，并且能够从头开始。

　　而我也确实这么做了。在学校会议结束之后，我一个人在食堂坐了很长时间，思考为什么当前采用的评论和反馈会失败。慢慢地，我开始意识到问题就在于我只告诉学生们应该改正哪些问题，但是我却没有告诉他们改正的方法和途径。而这造成的结果就是，我的反馈和评论虽然指出了问题所在，却并没有赋予学生从中学到技巧和经验的能力。此外，这些反馈和评论对于学生来说太过复杂。它们让学生们纠正错误变得更加困难了，而不是变得更加简单。而且，我给出的反馈和评论是评价性和总结性的，并非学生直接拿来就可操作的。学生没有办法理解我的反馈和评论，并且纠正自己的错误。

　　基于这个认识，我开始构思一种完全不同的反馈方法。我将其命名为色标分级评价法。这个方法不仅立刻改变了我给出反馈和评价的方式，改变了我的教学方式，也让我从一名优秀的教师成长为一名顶尖教师。

　　如果我没有坦承自己的失败并从中汲取经验教训，那么我永远也不可能实现这样质的飞跃和变化。尽管即便是现在，我也并不否认品尝失败会让人感觉十分糟糕，但是哪怕失败会让我觉得无比痛苦和难受，我也明白只有体验过从失败中站起来之后，才能够蜕变成顶尖的教师，这是唯一的成功之路。

　　失败是个不可避免的经历，不随个人意志为转移；但是经历失败的人，永远都可以选择是否要从失败中崛起。人的一生，总是不可避免地要经历某种失败。但是如果你能够选择坦然面对自己的失败，并从中学习到经验和教训，那么你将踏上从一个优秀教师蜕变成顶尖教师的成功之路。

回溯前文所述的错误

当下课铃声终于响起之后，我一个人慢慢走向教学大楼里的学校办公室，心里七上八下，十分地忐忑不安。我按照规定填写完所有的记录文件之后，继续去给下一个班级上课。而在那天接下来的课堂教学中，我依然只是给他们布置了随堂作业。当学生们在下面默默地写作业时，我呆呆地看着窗外的世界。一直到一天的课程终于全部结束后，我收拾了自己的东西并下楼去见学校负责人和教学主管。

当我走进他们的办公室时，他们都坐在桌子前，十分严厉地看着我。"罗宾，你找个位置坐下吧。"我的教学主管举手示意我坐到他正对面的椅子上。我坐了下来，心里已经准备好了坚强面对即将到来的急风骤雨。

"到底发生了什么事情？"学院的主席问我。

我耸了耸肩，说："我不知道。我当时是背对着失火的台灯的，我正在给一个学生答疑，然后我闻到了浓烟的气味。等我转过身查看时，台灯已经着火了。"

"台灯怎么会着火呢？"我的教学主管接着问我。

"有几个学生把纸团扔到了台灯的顶上。"我言简意赅地解释道，心想主管们一定会辞退我。

教学主管点了点头。"着火的台灯是什么类型的？"他继续问道。

什么类型的台灯？我被这个问题搞迷糊了。为什么他还不宣布我的辞退令呢？我十分疑惑地耸了耸肩，然后尽我最大努力描述自己印象中台灯的样子。

在我描述完之后，教学主管若有所思地看着我说，"跟我预想的一样，这些台灯出现在学校本身就是违法的。"教学主管抬起头看着我解释了这么一句，然后又扭头若有所思地看着办公室里的椅子。过了一会儿，教学主管发出了要求，"让朱迪到办公室来找我。"然后站起来，直接走出了会议室。

我十分困惑地坐在原地。"你们真的不打算辞退我吗？"我问自己的顶头上司。

她放声大笑，然后靠回自己的椅背上，接着说，"你要知道，孩子。人无完人，我们都会犯错的。这种台灯很容易着火，这就是为什么学校根本不允许使用这些台灯来装饰教室的原因。这件事根本就不是你的错。好了，你回家好好休息吧。你今天过得已经够不顺利的了。有的时候，糟糕的事情总是会莫名其妙地发生。相信你明天一定可以表现得更好。"

我默默地点了点头，离开会议室，然后上了自己的车。当我坐在驾驶座上时，我的双手依然颤抖，我默然地坐了很长时间，反思自己当天的全部经历。发生了这么严重的事故他们怎么会摆出一副漠不关心的态度呢？我百思不得其解，至少我自己的心中仍是忐忑不已。

汤姆，我的一位教师同事，刚好经过了我的车子。他看到我坐在里面就停了下来。我也摇下自己的车窗。

"听说你的学生今天在教室里放了一把火。"他调侃地说道。

我羞愤地垂下头。

"哦，现在拿这个开玩笑还太早了？承受不了？"他轻声笑着说，"没事的，不要因此就把自己吓倒了。这样的事情总是会发生的。"

"只有糟糕的老师才会酿成这样的祸事，汤姆。在我身上本来就不应该出现这样的事故。"我说道。

"好了，罗宾。我们都有可能会犯错的。你不能因为犯了一个错误就把自己打击成这样。"

"汤姆，你不知道。我的学生们在教室里纵火啊。你又经历过多少次这样的事故？"

"两次。"汤姆回答说。

我惊讶地抬起头看着汤姆，"不会吧？"

"两次。"汤姆再次肯定地告诉我，"第一次是因为有一个孩子想要把点着的香烟偷偷带进教室，结果一不小心点着了自己的作业。另外一次是因为有些孩子在自己的课桌上玩火柴。但是后面这一次没有点着什么其他的东西。"

"你这么说是编故事来让我感觉好点儿的吧？"不可否认，我在听完汤姆类似的经历之后，心情确实变好了。

"不是的。"汤姆摇了摇头，"我之所以会告诉你这些，是为了让你明白，我们都会犯错。这样的事故总是有可能发生的。我们的工作是跟孩子们打交道，而大多数时候，孩子们的行为根本就是无法预测和不可控的。他们会做出愚蠢的举动，而你将要面临和处理一团糟的局面。相信我，我是过来人。犯错并不意味着你是一个糟糕的老师。至少能从错误里学到经验和教训。"

汤姆诚挚地看着我，然后说，"在一段时间内，你可能会因为自己犯的这个愚蠢的错误而不停地责备自己，意志消沉。我们都经历过这样的阶段。但是在这之后，你要学会向前看。你现在最好还是直接回家，今晚什么都不要做了，好好让自己休息和放松一下。你的学生们还在等着你明天继续给他们上课呢。"

在接下来的几天里，我确实因为这场突如其来的火灾而不断地责备自己，并且意志消沉。因为我觉得十分丢脸和尴尬。但是汤姆说得没错，我必须要向前看。因为我的学生们在第二天的时候，已经忘记了前一天发生过的事情。

你们，作为新教师，肯定也会犯错。而且可能会犯下大大小小无数的错误。而有些错误可能会让你感到万分尴尬，无比丢人。你也可能会在某些日子里觉得自己就是个彻头彻尾的失败者，甚至会在某些时候感到自己可能永远都没有办法成为优秀而高效的教师。

但是，犯错并从错误中学习和成长是成为一名顶尖教师不可或缺的重要经历。如果你愿意从错误中学习和成长，它们就能够成为你最好的老师。你可能会想要隐藏自己所犯的错误，以确保没有人会发现你把工作搞得一团糟，但是我真切地希望诸位不要采用这样的方式来面对和处理自己所犯的错误。如果你这么做了，你将失去自己职业生涯中最好的学习机会，也错过了最佳的成长机遇。相反地，你应该直面自己所犯的错误，勇敢地面对并让自己体验随之而来的尴尬，但是要记住很快从这种羞辱和尴尬的情绪中恢复过来并从自己所犯的错误中汲取经验和教训。这是你能够获得自我成长和提高的最佳方式之一。

第八章

如何持续提升教学能力

You Can Get Better

Growing Your Own Teaching Style

过去，我一直对从事教学工作的第一年充满了负罪感。虽然我当时已经竭尽全力做到最好，但是当我回顾自己在第一年因为无知而犯的诸多错误时，我对自己那时的学生充满了愧疚。如果当时的我能够掌握现在的信息和技巧，我就可以成为更好的老师并更好地帮助他们。

　　你可能会经常从经验丰富的老教师口中听到类似的话。他们会告诉你他们多么渴望自己能够回到当年的场景，并且向第一个班的学生致歉，或是他们会跟你分享在第一年的教学工作中发生的惊心动魄的故事和经历，然后摇着头说，"这些可怜的孩子啊！"如果你不能足够地小心和谨慎，那么你也有可能对自己第一年的教学工作产生负罪感，犯下各种教学错误并且开始怜惜你第一年教的学生。

　　我想跟诸位说的是，现在的我已经不再对自己第一年的教学表现感到愧疚了。我现在对这段经历有了不同的看法和观点。我不再因为自己在第一年里由于无知而犯下的诸多错误而充满了愧疚感，相反地，我开始感激自己在第一年里所犯下的所有这些错误，因为它们教会了我许多无价的经验，让我和我的学生们都从中受益匪浅。

　　既然能够获得这么多的好处，为什么我要因为第一年的表现而对学生们感到愧疚呢？在每一年的教学过程中，我的学生们都得到了当时的我能够在那个阶段为他们提供的最好的教育。

这就是我想告诉诸位的一个道理。让自己成为更好的教师本质上就是要求诸位确保自己在每一天的教学工作中，都能尽自己最大的能力为学生提供最好的教育。当然，作为新教师，你肯定会在这个过程中犯错。确实，作为新入职的教师，你仍然需要学习很多东西和技巧。但是这并不意味着你的学生们就应该在你不断试错和成长的这些年里承担你的错误和失职，直到你成为一个优秀的教育者并能够为他们提供完美的教育。你要做的就是，无论自己现阶段处于什么样的水平，都要确保自己在每一天的教学工作中为自己的学生竭尽全力地提供最好的教育，并且坚定地相信自己的教学工作会做得越来越好。下面这些技巧和方法将帮助你做到这一点：

明确自己的教学标准

我经常会十分震惊地发现，新教师中根本就没有人愿意花时间和精力来审阅和研究既定的教学标准，而这些教学标准正是用来衡量教师教学效果的基础。甚至很多经验丰富的老教师也没有关注和学习过他们的评价标准和评估手段，这是一个巨大的错误。

如果你想把自己的教学工作做得更好，你就需要首先明白，什么样的教学结果和表现会被认定为"优秀"。我知道教学评估的过程可能会让人感到恐惧，但是让它变得不那么令人胆战心惊的最佳方式就是你自己首先要彻底明白和了解整个教学评估过程到底是怎么一回事。

最近，我正在与一群十分不开心的教师合作。他们之所以这么不开心是因为所在地区的教育部门刚刚调整了该地区的教学评估系统，并增加了一套新的教学评估标准。此外，教学工作评估中40%的成绩将会基于所教授班级学生的考试成绩进行计算。这项新的规定让这些教师感到十分恐慌，因为这意味着教师们必须要为学生在考试中的成绩负责。学生们要达到更加严格的新出台的学习标准，此外地区水平测试的要求也变得更加严格，在这样的情况下，学生的考试成绩不一定会很理想。除此之外，教师们也感到来自新标准的重重压力，因为在他们看来，满足新出台教学标准的要求是一项不可能完成的任务。

当我开始与这些教师接触并提供指导服务时，他们自己已经研究一段时间了，并且在教师群体中形成了恐慌情绪。他们十分担心自己会因为新标准的出台而失去工作。虽然我的工作是帮助他们改善和提高课堂教学，达到地区教学标准要求的水平和程度，但这些教师在开始讨论后的几个小时内一直在不断地抱怨新出台的地区教学标准对他们的学生来说实在是太难了。

我十分温和地反驳了他们的观点，说："为什么你们根本就不相信自己的学生可以达到地区教学标准的要求呢？"

整个会议室瞬间就安静了下来，气氛也开始变得紧张。"因为我们所接触到的学生，平均的学习能力和水平都比正常的水平要低了两到三等。"一位教师向我解释道。

"不仅仅如此，"另外一名教师接着说道，"还因为这些新出台的测试标准真的很难。而且我们的学生根本就无法适应这样的考试方式。"整个会议室里的教师们纷纷点头表示认同。

"那么，你有没有仔细研究过新出台的测试要求？"我询问诸位教师。

所有人的眼睛都开始看着地面。"呃，没有。其实我们没有研究过。"他们坦诚地说，"但是听说真的很难。"

我转向自己的笔记本电脑，关掉了有关地区教学标准的展示文件，并开始检索地区教育测试中心的网页，"那么我们不如一起来研究一下新出台的测试标准和要求吧？"我向会议室里的教师们建议道。

在接下来的二十分钟里，我们一起尝试着完成了网站测试题库中提供的一些试题。在我们完成每一道试题的测试之后，我们都会停下来讨论，试图判断这样一道测试题，考察的是什么样的思维能力，学生们需要掌握哪些知识和信息才能够正确地完成这道测试题。当我们终于结束测试题的学习和研究之后，所有在场的教师都更加了解学生们即将参加的测试是什么样的，以及自己需要在课堂教学中如何做才能够帮助学生们成功通过测试。

而在另外一次工作任务中，新教师们担忧的根本不是地区测试的要求，而是新出台的教师评估标准。当时我负责指导的是一组新手教师，他们刚刚经历了自己第一年的教师评估和考察。他们得到了来自教学主管的反馈，虽然有些人十分满足于自己通过了第一次考察和评估，但几乎所有的新手教师都感觉自己实际获得的评级比预期的要低。

我的工作任务仍然是帮助这些新手教师改善和强化他们的教学设计，从而与地区的教学标准要求更为契合。但是他们一直因为自己的教师评估和考察结果而分心，所以我决定先将自己准备好的展示内容放到一边，帮助这些新手教师解决他们在教师评估和考察标准方面的问题。

"你们有多少人在教师考察和评估之前仔细阅读和研究过相关的标

准？"我向所有在场的教师提问，只有寥寥数人举手示意自己看过。

"你们有多少人会在毫无准备的情况下参加一场考试？"我接着提问。

他们看起来都有点羞愧。但是有一位教师举起手并提问说，"可是我们也不可能向准备考试那样准备教师评估和考察吧？"其他在场的教师纷纷点头表示同意。

"这是一个好问题。"我微笑着说，"准备其实很简单，首先你要充分地了解教师评估和考察的相关标准和要求。"

"但是在新入职教师的一次集会上，学校已经大致描述了相关的要求和标准。"另外一个教师解释说。

我点了点头，说："仅仅是大致的描述是远远不够的。你需要将评估文件中所有相关的要求和标准都拆分成细小的板块和步骤，只有这样你才能够知道自己到底哪些方面需要进一步的提高。"

在接下来的一个小时中，我们一起研究了教师评估和考察的手段。我们从第一项规定开始并仔细地研究了其绩效的相关要求。然后我们将最低的评级标准与上一级的评级标准进行了对比。通过比较，我们能够找到同一个评价标准内帮助教师们从最低一级的评级到高一级的评级所必须做到的因素。然后依此类推。有的时候，这样一个对比、筛选的工作会十分枯燥和繁琐，但是在我们寻找这样一个决胜"因素"的过程中随之而来的讨论和争论的确提供了巨大的帮助，能够将教师评估和考察手段中的有效因素和信息分离出来。最后，我要求每一位教师都拿出自己最近完成的教师观察报告。然后我要求这些新手教师按照自己分离出来的绩效要求来设定自己在下一次教师评估中的预期目标。

同时要求他们思考，自己到底需要做到哪一项或是哪两项标准才能确保从当前的水平提高到更高一级的水平。在会议结束时，这些新手教师不仅都明白了自己是如何被考察和评估的，也搞清楚了自己到底要做些什么才能够确保获得提高和进步。

大多数教师都会忽略那些考察和评估我们的教学手段和要求。如果你确实如此，那么你就是让自己陷入了险境之中。如果规定要求你必须对学生的测试成绩负责，那么你就必须要透彻地了解学生们即将要参加什么样的测试。而且，如果你要达到一套新出台的教学标准，那么你就必须明白在每一项教学标准下，一个水平和阶段与高一级的水平和阶段之间的差异，只有这样你才能够知道自己需要实现什么才能够提高水平和等级。这么做不仅仅能够让你摆脱教师考察和评估过程中的焦虑和担忧，还能够帮助你以最有效的方式来提高自己的教学绩效。

与学校指派的教学导师通力合作

在教学生涯的早期就能够找到一位优秀的教学导师，是新教师加速职业发展进程的最快速和最佳途径之一。美国很多的教育学区都会为新教师指派经验丰富的教学导师，而你可能需要一些巧妙的策略和技巧才能够好好挖掘和利用好这段关系。最关键的一点是，你需要时刻牢记，你的教学导师并不是来评估你的教学表现的。相反，指派的教学导师的任务是帮助你成为更好的教师。虽然这是显而易见的事实，但很多新教师都会忘了这一点，并且倾向于直接听从教学导师的指点和要求，并按照导师提供的意见来开展自己的教学工作。而这已经完

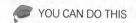

全背离了老带新这一教学指导传统的本意。

与地区指派的教学导师第一次会面，你最好与导师分享一下自己在未来一个学年里的教学目标。你计划达成什么样的教学目标？你认为自己具体需要什么样的教学支持和指导？在这次会面中，不要成为被动的一方。哪怕你事实上根本不知道自己到底需要什么样的教学支持和指导，你至少也需要向对方解释一下在自己过去的经历中什么样的支持对你来说最为有效。你能否从观察和评估以及反馈中获益？对你来说，什么样的反馈和评价是最有帮助的？你是否需要额外的教学资源？观摩展示课程能否为你的教学提供帮助？你有没有发现什么教育专家的著作给你带来了特别的启发和帮助？与你的教学导师分享所有这些信息和问题，确保你们的讨论尽可能具体和详细。如果你能够在一开始就自己的教学目标作更多具体的阐述，并且更细致地描述自己认为有效的教学支持，你的教学导师就能够更好地配合你的教学工作，协助你达成自己设定的教学目标。

然后，你需要咨询教学导师，在为你的教学工作提供支持和帮助方面有没有具体的目标。你的教学导师希望帮助你学会什么样的知识和技巧？你需要仔细聆听他/她的回答。因为你需要尽早的在合作初期了解教学导师的真实意图，他/她的工作目标是帮助你成为更好的教师，还是只是为了满足他们自己的工作职责中列举的标准和目标。

很多新教师倾向于直接听从教学导师的指点和要求，并按照导师提供的意见来开展自己的教学工作。而这已经完全背离了老带新这一教学指导传统的本意。

在大多数情况下，教学导

师的工作目标会是这二者的结合，但是你需要尽早确定自己的教学导师更关注哪一方面的目标和要求。这能够让你在一开始就明确你可以从教学导师处获得什么样的支持和帮助。

在与教学导师的合作与互动过程中，要采取积极主动的态度和行动。不要坐等教学导师主动联系你或者提出无动于衷的被动姿态，让自己的教学导师来维系你们二者之间的关系；在维持和发展这段合作关系的过程中，你不仅仅有发言权，也有责任来积极主动地维护关系。如果你没有获得自己期待中的教学支持和帮助，你可以向自己的教学导师提出要求，让他/她提供给你真正需要的支持和帮助。你需要明白，并不是每一位教学导师都能够满足你期待中的教学需求。你很有可能需要与多位教学导师合作，无论是正式的合作关系，还是私交，才能完全满足自己在教学支持和指导方面的需求。因此，千万不要期待地区指派给自己的教学导师能够满足你所有的教学需求。你可以在接受官方指派的教学导师的帮助和支持的同时，自己通过私人的关系和人脉，在自己身边的同事中找到可以成为非正式教学导师的人，让他们来为你提供那些你缺失的教学支持和帮助。

找到自己专属的教学导师

纵观整个教学职业生涯，你都需要寻找那些能够帮助你成为更优秀教师的非正式教学导师。如果你想要寻找到一个优秀的教学导师，那么他/她需要满足以下条件：

1. 你找到的这个人，应该要乐于从你的身上学习，同时乐于帮助你学习。在理想的情况下，教学指导关系应该是双向和双赢的关系。

你要寻找的并不是拥有无限动力和无私奉献的高尚情操的尤达大师。你需要寻找的是一个能够在付出的同时得到收获的人，是一个能够倾听你的想法，询问你的意见并且接受你的投入的人。只有这样，你选择的教学导师才能够真正帮助你，通过自己的力量来发展自己专属的教学风格，而不是盲目地要求你遵循和照搬他们的教学理念和风格。

2. 你找到的这个人，应该依然在不断地进行着教学尝试和实践。你也不希望自己找到一个已经停止了学习和进步的人作为教学导师。因为这样的人没有办法帮助你学习和进步。相反地，你找到的人应该依然在不断地调整自己的教学方法和模式，不断地改善自己的教学理念和策略。一个仍在不断学习和进步的人能够与你分享学习的过程和心得体会。而一个认为自己已经不再需要学习新东西的人将很难理解正处于学习和进步过程中的你，从而无法为你提供足够的支持和空间，让你能够全身心投入到这个学习的过程中去。

3. 你找到的这个人，应该能够向你陈述事实的真相，无论你是否愿意了解事实的真相。有些教学导师会在了解问题之前就给你提供一个草率的解决方案或是一个事先准备好的"指导性谈话"。而你真正需要的却是一个能够真实描述和反馈你教学实践中存在问题的人，不会因为担心你的情绪而刻意美化事实真相的人。

我们都会忽略自己教学实践中的盲点。直到你了解了问题和事情的真相之后，你才能够采取切实有效的改变来改善自己的教学实践。如果有这么一位教学导师能够如实地指出你教学实践中的盲点，并且帮助你了解到有些教学实践有效而有些教学实践无效背后的真实原因，你就能够在获得帮助的情况下对存在问题的教学实践采取正确的应对策略并提高自己的教学效果。

4. 你找到的这个人，应该要与你有所不同。 我们通常会被那些与我们有着同样看法的人所吸引，但是能够听到不同的观点和看法会让你受益匪浅。不同的意见和看法会强迫我们去重新审视自己坚信的观点，从不同的角度来分析和看待事情，并将那些我们自己永远也不会想到的想法和观点纳入考虑的范围。你不一定总是要关注不同的观点，但是你的教学实践将会因为倾听和了解了不同的观点和看法而获得巨大的好处。

5. 你找到的这个人，应该已经达成了你想要达成的教学目标。 从那些提出教学建议和意见自己却都未践行过的人那里听取意见和建议没有任何意义。如果你在课堂和教学管理方面存在困难，那么你应该向那些已经解决了这方面问题和困难的人寻求建议和帮助。如果你需要课程规划和备课方面的支持和帮助，你就应该寻找一个十分了解课程规划和备课的人来提供支持。你寻找的这个人，应该已经成功走过了你刚刚踏上的教学之路，在你存在问题和困难的核心教学领域已经取得了成功。

充分利用好每个职业发展机会

我也曾经历过一些十分糟糕的教学学术研讨会并且坚持着听完了全场。事实上，在听过太多言辞空洞的研讨会之后，我变得十分擅长判断一个教学工作坊是否有用，我只要听五分钟就能够做出准确的判断。而一旦我认定这个工作坊对我来说没用的话，我就会迅速放弃关注。我甚至还会随身携带一个"教学工作坊应急救生包"，里面装的东西能够帮助我在无聊的教学工作坊中偷偷打发自己的时间。我认为自己的做法充分展示了自己的礼节，也感到自己的做法比其他参会者聪明很多，但事实上，我浪费了许多宝贵的学习机会。

在从事教学工作几年之后，我开始改变自己对于教学学术研讨会的态度和看法。我决定，无论这个学术研讨会有多么糟糕，我也要努力从中学到一些东西。哪怕内容再糟糕和无用，我也可以利用这段脱离了课堂教学的时间来研究和改善一下自己的教学方法。带着这种想法，我不再像以前那样当对讲座的内容不感兴趣时就玩手机或是偷偷批改作业来打发时间，相反，我会带上与工作坊内容相关的资料并尝试将自己在工作坊上获得的信息运用到自己的教学实践中。有的时候，我不得不承认，要在一个无趣的教学工作坊或是地区强制参加的教学学术研讨会中找到一些有价值的东西是一项很艰难的任务。但是，当我抱着尊重和学习的态度去参加会议时，我就能发现那些微小的、不易为人感知的隐含价值并触发我个人对教学的思考，从而帮助我改善自己的教学实践。

我仍然记得自己曾经参加过一个极度无聊的教学工作坊。我们当时正处在推广课程的过程中，然后被强制要求参加一整天的会议。为期一天会议中，我们都需要坐在那里听别人一页一页地读新出台的课程大纲，不时地穿插一些所谓的"团队建设"活动，每个人手上都会拿到一些活页纸和记号笔，然后以小组里所有人的大拥抱作为活动的结束标志。整个早上大部分的时间我都在不停地冲着演讲人翻白眼，然后将整个午餐的时间都用来冷嘲热讽早上工作坊中提到的所有教学方式，并且向我深有同感的同事分析这些被传授的方法如何违反了"优秀的教学"中的基本原则。

午餐结束之后，我的情绪如此激动，以致于我刚刚踏进下午的会场态度就已经十分敌对和恶劣。当第一张幻灯片出现时，我就开始翻白眼并且没精打采地缩到自己的椅子上，开始闷闷不乐。我的思维和注意力完全封闭了。但是在展示进行了十分钟之后，我忽然发现与我同桌的一位女士全神贯注地听着展示并且在笔记本上飞快地做着记录。她到底在写些什么啊？有什么值得记录的吗？我一边困惑地思考，一边把身子往她那边倾斜并偷偷的看她的笔记。她正在写的东西看起来很像是一个课程规划方案。在接下来的"思考，分组和分享"活动中，我主动与她结成一对，并且问她刚刚到底在做什么。她向我展示了她是如何将上午的信息进行调整和改变并融合到自己的课程规划流程中去的。而这么做的成果就是，她几乎已经完全规划出了下一个单元的教学计划。

"所有这些规划都是从我们早上听的那些废话中想到的？"我难以置信地问她。

她点了点头，"早上演讲人的一些话给了我启发，让我产生了一个想法。然后我开始将自己脑海中产生的一些想法记录下来，很快，我就明白自己要怎么才能够将这些想法运用到课程的规划中去。我打算今天下午再花点儿时间来思考和规划上午的方案，看看它是不是真的能够产生很好的教学效果。如果答案是肯定的话，我将会在下一个单元的教学中使用它。如果答案是否定的话，"她耸了耸肩，接着说道，"至少我今天的时间都花在了研究一个全新的教学思路的可行性上，也不算白费。我觉得自己一整天的时间和努力还是颇有收获的。"

我开始带着一个自私自利的态度去参加所有的工作坊和研讨会。无论讲话人分享了什么信息，我都会在第一时间考虑这些信息或是方法要怎么样能够与我当前的教学现状结合起来产生效果。

我们两个人参加了同一个教学工作坊，但是当我将时间浪费在感受自己是如何地难熬、痛苦不堪时，她却利用这段时间来尝试优化自己的教学工作。这对于我来说是影响深远的一次教训，而我从那之后也采取了与她类似的做法。无论我参加的研讨会或是工作坊有多烂，我都下定了决心要从中学到一些有用的东西。

我做出的第一个转变是，从此以后带着一个自私自利的态度去参加所有的工作坊和研讨会。这并不是说我会贪婪地霸占所有的记号笔或是占用每一个讲演人的讨论时间。它指的是无论讲话人分享了什么信息，我都会在第一时间考虑这些信息或方法如何与我当前的教学现状结合起来产生效果。我的意思是，要利用讲话人的所有信息。无论这些与我的教学现状看起来是否有关联，我都会一直思考，直到我找到讲话人分享的信息与我的教学工作的关联为止。这个做法大大拓展了我的思维广度和深度，并且让那些看起来毫无关联的信息或方法也变得对我的教学工作有用。

其次，如果我对工作坊或研讨会分享的任何信息存在疑问，我会一直提问直到我搞清楚为止。有的时候讲话人会选择跳过我的提问，但是这样的做法也是可以接受的。无论讲话人的态度或反应如何，我都会坚持提出自己的疑问。有的时候我会从讲话人那里得到满意的答案，但是即便讲话人的回答不能令我满意，我也能从其他参会者身上得到满意的解答。而且，如果我离开会议时仍然没有得到一个满意的解答，我会在回到家之后进行检索和研究并寻求答案。向讲话人提问是我用来确保自己全神贯注听讲的一个好方法。

最后，我从自己的一位朋友兼同事，马克思·汤普森处学到了一个理念，即他一直奉行的"学习、调整、借鉴但不要全盘照搬"的理论。此后，每当我看到一个全新的教学想法时，我会立刻开始考虑我能否将它借鉴并在调整之后运用到自己的教学工作中去，然后实现相关教学目标。我不会试图将整个教学设计全盘照搬到自己的教学工作中。我会花时间来思考我将如何调整和改变它以确保这个想法能够契合我自己的教学实践。这个方法让我能够采用那些看起来糟糕透顶的教学思路，进行调整和修改之后将其变成对我的教学实践真正有效的尝试和方法。而这些实践也让我的思维变得更加开放，让我能够注意到并利用好那些我在过去会完全忽视的好机会。

谨慎地选择自己战斗的对象

如果你跟我一样怀抱着改变世界的理想而进入教师行业，那么你会希望通过自己的工作实现教育的发展。你会希望自己能够改变孩子们的未来和人生。相信我，教师这份职业让你能够产生影响并改变生命，但是实现的方式可能与你想象中的不同。

我认识的很多刚刚入行的新教师对当前教育系统的运行状态表示了极大的愤慨。这些新教师带着美好的理想踏进教室，但是却很快感到心寒和惊骇，因为他们发现整个学校的教育系统存在着各种各样的缺陷和漏洞。而这些怀揣美好理想的新教师想要立刻将所有的缺陷和漏洞修补好。他们为发现学生每天来上学时都带着那么多的需求而感到震惊，从而想要立刻抹平学生们所遭受的不公正待遇或是瞬间克服种族和性别歧视。

相信我，我可以明白诸位心中的激情和感受。面对学生们遭受的这些不公和苦难，身为教师的你如果不做点儿什么事情，甚至会感觉自己是不道德的。但是，试图解决自己所看到的、所经历的每一样错误的事情只会让你感到绝望，也只能让你感到精疲力竭。我希望诸位作为新教师，可以避免陷入这样的陷阱和困境。你必须要学会选择自己战斗的对象，否则很快你就会发现自己的理想全面幻灭。

我恳请诸位不要误解我的意思。我并不是说身为教师我们就应该坐视这些不公或错误的事情发生或是漠然接受社会中存在的不公或不义现象。我保证我前面所陈述的内容完全没有表达这样的观点。我们的道德观和价值观要求我们必须要与这些不正义的现象作斗争。我们的学生需要我们以身作则并且为他们争取正当的权益。很多学校的教育系统已经彻底崩溃了。而不公平的对待也已经蔓延到了社会的诸多层面和领域。每一个学校都存在着效率低下或是不公平的操作。而所有这些错误的行为都需要改正。但是如果你盲目插手这些负面的现象并且试图一蹴而就，那么你最终只能让自己精疲力竭还不能解决任何问题。你需要花时间来思考，自己正在战斗和抗争的到底是什么。你需要找出引发问题的根源，而不是浪费自己的时间和精力来与表象相抗争。只有这样，你才能够真正推动和促进变革的发生。

学校教育中的诸多知识可能在实际教学工作中根本无用

理论上来说，造成这一结果的原因并不是教师们在学校教给了你错误的知识。真正的原因是你所学会的那些知识并不一定能够适用于你所处的特殊情境或个人教学风格。

我还记得自己曾经参加过一个教学研讨会，在研讨会上，充满活力的讲话人向参会者展示了有关精读教学的高效教学策略。整个研讨会的内容引人入胜，我记了详细的笔记并且迫不及待地想要在自己的阅读课上实践这个教学法。在接下来一周的教学中，我向自己的学生们展示了这个全新的教学策略，而且学生们也十分积极、努力地配合我的教学实践。孩子们急切地希望这个教学策略能够有效，我也迫切地想要看到积极有效的教学效果。所以我们齐心协力地按照既定的教学流程和步骤进行了操作，但是让我们失望的是，我们没有取得特别明显的教学效果。毫无疑问，这个教学策略是真实有效的；但是在我的教学实践中却失败了，说明这个教学策略不能够满足我们班上学生们的需求，也不适用于我个人独有的教学风格。我开始以为自己肯定是什么地方做错了才没有取得预期的效果，而分享这个教学策略的老师却在教学实践中获得了巨大的成功。毫不夸张地说，这个教学策略让她的课堂教学脱胎换骨了！但是同样一个教学策略在我的教学实践中却没有产生任何预期的效果。我将这个策略进行调整后开始固执地反复尝试，这耗费了我大量的时间和精力，已经远远超过了这个教学策略本身应该占用的时间和精力。我一心一意想要让它产生效用，最后不负我所望，它起效了。虽然只是在某种程度上得到了些微的教学效果，但是这个教学策略肯定有其闪光之处。我心中清楚地知道这一点。我的学生们也明白这一点。

很久之后我才终于意识到，问题根本不是出在这个教学策略上。问题的根源在于这是一个只有在特定的教学环境下针对特定的学生群体才能够取得预期成功的教学策略。所以，策略本身没有问题，问题在于它可能不是一个适合我们教学实践的策略。如果当时我能够更加透彻地了解我自己的教学实践和风格以及这个教学策略的教学目标，我就能够在一开始判断出这是一个不适合我教学实践的教学策略，从而避免浪费后期大量的时间和精力。但是当时的我，由于经验尚浅，抓到一个自己认为有效的教学策略就开始埋头实践，而忘记了思考这样一个教学策略要如何适用到我的教学工作中去——或是判断出其根本不适用于我的教学工作。

这样的情况和例子比比皆是：我经常看到教师们在教学实践中使用那些在学校学到的或是从教学研讨会借鉴到的教学策略，根本不管这样的教学策略是否适用于自己的课堂和教学。我甚至还见过那些参加我的教学研讨会的教师，迫切地记录我分享的每一个教学策略并且发誓自己明天就会在课堂上实践这样的教学策略。他们根本就不打算花时间来研究一下为什么这样的教学策略会有效，也不愿意花时间来判断一下这样的教学策略是否适用于他们的课堂和学生。

要记住，你在学校或是教学研讨会上学到的方法不一定全部都能适用于你自己的教学和课堂。因为你学到的这个教学策略可能本身是一个有效的策略，但是对你个人、你的学生或是你的教学风格来说却不一定适用。在其他情况下，这个教学策略可能看起来方方面面都适合你的教学，也能够运用到教学工作中去，但对学生的发展或是进步可能没有任何的影响或是贡献。多米诺骨牌规则中有一个很著名的说法，即"并非所有的钱都是有用的钱。"意思就是并非所有赢得的点都能够帮助你获得最终的胜利。有的时候，有些选手因为过于想要赢得点数而最终错过了更有价值的点，或是最终盘点时损失的点数比自己赢得的点数还多。同样的道理也适用于教学工作。并非所有有效的教学策略都是好策略。有的时候，一些教学策略在理论上看似完美无缺，其背后可能也有无数的研究成果和理论的支撑，甚至有成千上万的教师们实践过，但你也不能盲目认定这个教学策略就一定会适用于你的学生，对你的教学工作有效。在选择和学习教学策略时，要秉持战略性的原则和宁缺毋滥的理念。你应该只选用那些能够适用于自己教学风格，满足自己学生的学习需求并能够实现教学目标的教学策略和方法。在进行筛选的过程中，你可以通过提问下列问题来做出评判：

• 这个教学策略能否与我个人的教学风格相匹配？能否与我的课程安排和设计相匹配？

• 有没有人曾经成功地运用过这个教学策略？如果有，我的教学风格或是学生的构成是否与已经获得成功的教师相同或是相似？

• 我的学生将会对这个教学策略做出什么样的反应？

• 这个教学策略是否直接满足了学生的学习需求/风格？

• 这个教学策略如何能够帮助我实现自己的教学目标？

• 有没有其他更加快捷、简单、直接的方法实现我们的学习或发展目标？

• 这个教学策略实现的最终效果和产出是否值得我对它投入？

- 这个教学策略预计要占用多少教学时间？我能否承担这样的教学时间投入和消耗？

当你在考虑和衡量一个教学策略时，可以通过使用这些问题来审视其可行性。然后你可以基于评估的结果做出理智的选择，并决定这一次要使用什么样的教学策略，而什么样的教学策略可以留待下次实践。一定要记住，策略本身可能是高效且完美的，但是对于你来说不一定是完美的选择。

作为行业的新手，诸位新教师可能觉得这是一项颇具挑战性的任务。你观察周围的同事，然后发现所有人看起来都能够把自己的生活和工作安排得井井有条。有的时候，你甚至会感到只有自己才会跌跌撞撞地在无数次的犯错后终于度过这艰难的第一年。有的时候，你因为意识到自己对这份工作还有那么多不了解而备受打击，甚至忘记了自己本身已经掌握的技能和知识。

不要对自己过于苛刻，你仍处在一个不断学习和进步的阶段。而且，如果你想要真正将教学这份工作做好，你可能终生都需要不断地学习和提高。

所以，你现在无需因为自己的知识储备不足而感到愧疚，也无需对自己的学生感到抱歉。因为你会努力地工作和提高。你正在不断学习和进步。你正在不断成长为一名更好的教师。而在这个过程中，你也在为自己的学生提供力所能及的最好的教育。你可以问心无愧！

第九章

如何拓展教师职业发展路径

You Can Shine

Distinguishing Yourself as an Educator

最近，我在一场研讨会上发表了一个演讲。会间休息时，有一位年轻的女士走向我。介绍完自己之后，这位女士开始赞扬我的演讲。她说，"我可不可以问您一个问题？"

　　"当然可以。"我微笑着回答。

　　"我要怎么做才可以像你一样呢？"她问道。

　　"像我一样？"我反问了一句，因为我不太确定她真正想要表达什么。

　　"像你一样成为一名教育咨询专家。"她向我解释说，"我想像你一样，可以为教师们提供教育咨询，可以到处去演讲，还可以撰写教育书籍并且出版。"

　　"好吧。"我十分谨慎地回答说，"那么我可否问你一个较为私人的问题？"

　　"当然可以。"她点了点头。

　　"呃，"我当时不太确定自己要怎么表达才会比较合适，这位女士看起来年纪很小，"你从事教学工作有多长时间了？"

　　听完我的问题，她皱了皱眉。双手抱胸，对我说："今年是我的第二年。但是我已经24岁了，而且我马上就可以拿到自己的硕士学位了。"

"好的，我明白了。"我一边回答，一边想着接下来应该说些什么。

"我知道你接下来要说什么。"她开始滔滔不绝地说，"你将要告诉我，我现在还太年轻，所以我仍然需要耐心地'付出应有的劳动'并且'做出应尽的贡献'。"她一边说一边讽刺地用双手打出表示强调的引号。"但是我是个聪明人好吧？我不甘心一辈子就做个普普通通的在讲台上讲课的老师。人生苦短，我想要实现更高的人生目标。"

我十分理解她的心情。总是有很多年轻的教师不甘将自己的人生局限在讲台之上，怀揣伟大的人生理想来找我并咨询他们要怎么样才能够成为一名教育咨询专家或是开创自己的教育服务事业。他们的问题总是会让我感到一丝伤感，因为我个人每一天都无比怀念自己站在讲台上教书的日子。而这些年轻的教师们看起来却是迫不及待地想要逃离这样的生活。

但是反过来说，我能够理解他们的雄心壮志。我也能够理解他们会厌烦"付出应有的劳动"这样的建议和要求。我相信，诸位新教师都是聪明又富有才干的人并且能够为这个世界做出巨大的贡献。所以你们会疑惑，为什么我要退居幕后，默默等待自己发光发亮的机会？

你们希望自己能够在课堂以外的地方也产生影响并获得成功。除了自己当前的教学工作之外，你们有着更加远大的目标和理想。或许你早就厌倦了别人要求你保持谦逊和低调的建议，而"做出你应尽的贡献"或是"耐心等待你成功的机会"这样的建议也会让你灰心丧气。因为你现在就想要大放光彩。

而下面这些建议能够帮助你实现这个目标。

展现最棒的自己

我最近正在给一群新教师和即将踏入教师行业的教育专业毕业生们做培训。指导他们如何在自己的教学工作中执行和实施地区通行的教学规定和标准。第一天培训结束的当晚，我就收到了一位理想远大的未来教师发来的邮件，邮件原文如下：

"我是一名小学教育专业的四年级学生。坦白说，我上周参加了您的教学研讨会，但是我参加这样一次高级别的会议，主要目的是让我的求职简历看起来更加"光鲜"。作为一个马上就要开始申请教师职位的毕业生，我时时刻刻都在寻找机会，丰富自己的经历，让自己的求职简历看起来更有料。但是在受到您的启发和激励之后，我现在不仅仅想要看起来很优秀，也希望自己能够真正地成为优秀的教师。对于我们这些即将踏上讲台的教育专业毕业生，您有没有一些教学方面的成功秘诀或是建议？我听说自己想要申请的教学职位中，每个职位大概有267位竞争者。我希望自己能够尽可能脱颖而出，让招聘的教学主管认可我，并且希望自己在下个秋季学期到来之前可以锁定一个教师职位。"

我给这位迫切的求职者回了邮件，同时心中十分赞赏她的主动性和她对职业发展的领悟。因为成功的职业发展会要求工作者擅长自己的本职工作，而不仅仅是拥有漂亮的简历。你表现得越好，你的简历看起来就越漂亮。从求职到美化简历以找到一份工作，再到尽自己最大的努力做好本职工作，这三个阶段的转变和过渡并非易事。但是你必须要做到这一点。因为，你越是关注如何让自己的成绩和经历看起来很优秀，你就越是容易陷入那些流于表面的实践和活动中去。相信我，人们迟早都会注意到这一点的。这就是出众的本质。只有当你能够尽自己最大的努力将本职工作做到最好时，你才能够真正脱颖而出，大放异彩。所以，尽可能将自己的实力展示出来，将自己的本职工作做到最好。而你的经历和成绩看起来是否优秀和出众，不是你需要操心的事情。因为，如果你确实是最优秀的人才，你就一定会脱颖而出、大放异彩。

三人行必有我师

当我刚刚开始从事教学工作时，我因为自己盲目的傲慢自大而吃了不少苦头。当时的我，刚刚研究生毕业，掌握了教育领域最新的理念和知识，并且坚定地相信自己是一个极富才干的人。我当时所在的学校里所有教师年纪都比我大约10~40岁，而且在我这个年轻气盛的新手教师看来，他们早已是辉煌不再了。虽然我永远也不会承认，但是我当时真心觉得，虽然我的这些老同事们有着丰富的教学经验，但他们的经验早就过时了，对我来说用处不大。更糟糕的是，我所在的学校里还有些年纪较大的教师，看起来十分怪异，我根本就不想跟他们拥有任何一点共同之处。

我所在学校里有一位教师遭到了几乎所有同事的唾弃和辱骂。她的名字叫作朱莉，她十分尖酸刻薄，爱出风头，有的时候对自己的同事和学生特别无礼和粗鲁。她从来不记得自己学生的名字，经常大声吼叫学生，并且对学生提出十分苛刻的作业要求。我自己没有亲眼见证过，但是所有人都是这么跟我说的。

　　朱莉和我上着同样的一门课程，并且会在学期间休假结束之后因为教学安排的变动而交换彼此的班级。在听闻了朱莉种种负面的消息和故事之后，我沾沾自喜地认为我是我们中间比较好的那位教师。毕竟跟朱莉相比，我是一个充满了热情、善于鼓励学生的老师，而且我在开学后的第二周时就已经可以叫出所有学生的名字。虽然朱莉主动提出我们可以分享和交换教学资源，但我十分礼貌地拒绝了她的好意，因为我更倾向于使用自己准备的材料。

　　当我们作为一个教学小组的成员不得不一起参加教学会议时，我会在会议上假装听从她的想法和建议，但是却在会议结束之后立刻将这些想法和建议抛到爪哇国。而在其他方面，我则尽可能远离朱莉，生怕与她保持亲近的关系会直接瓦解我原本十分纯净的教学。

　　有一天，我正好带着班上的学生去电脑室上课，朱莉刚刚带着自己的班级用完电脑教室，然后我发现她班里的学生把作业落在了打印机处。我十分好奇这个学生在离开我的班级之后，写作水平到底取得了什么样的进步。所以我小心翼翼地读完了这个学生的作业。他进步的程度让我大吃一惊。这个学生在我的课上存在的很多问题看起来都在朱莉的课上得到了解决。这样的打击发人深省。我不禁思考，朱莉到底是怎么做到的，她到底是怎么帮助这个学生解决了那些让我束手无策的问题。

　　当天下午，我亲自将这位学生遗忘的作业交还给朱莉，并且十分不好意思地咨询她到底是怎么帮助这个学生实现了写作上巨大进步和改变。听到我的问题之后，朱莉开始两眼放光。她花了三十分钟的时间向我解释她到底是怎么教会学生们梳理写作的框架并且按照她所教授的方式来完善文章结构的。虽然我并不完全认同朱莉所有的教学方式，但我从这次的交谈和分享中学到了很多东西。从那之后，我会定期与朱莉会面并尽可能地从她身上学习新的知识和想法。我掌握的一些知识和方法对我的课堂无效，但我从朱莉身上学到的很多东西却十分可靠和高效；我将这些方法和知识融入到自己的教学实践中去，然后发现学生们的写作能力和水平瞬间得到了显著的改善和提高。朱莉为人处世的方式并没有改变，但是我却不再觉得她令人厌烦了。

相反地，我们之间成功地建立了良好的同事关系和教学互助关系，而这样一段良性的关系一直持续到朱莉退休。朱莉教会了我很多教学方面的东西。

正如我的父亲一直提醒我的那样，哪怕是一个坏掉的闹钟，它每天也会有两次正确的机会。当你在与自己的同事相处及合作时，我也希望诸位能够牢记这一点。因为你可以从每一位同事的身上都学到一些宝贵的经验。因此，不要轻易错过任何一位同事。无论你遇到的人如何，都不要放过从这个人身上汲取经验和知识的机会。事实上，你能从身边的每一位教师同事身上寻求到宝贵的学习和教学经验——哪怕你需要刨根问底才能够获得这些有益的东西。总之，这么做能够显著加快你的学习进程并完善你的教学技能。

找到自己的职业激情

虽然从管理一个乱糟糟的课堂的高度来看，教师作为一个领导型职位看起来也十分光鲜，但实际上这样的一份管理工作可能会让人精疲力竭，不堪重负。而且收获的肯定和奖励只能够体现在课堂内，外人根本无法意识到你的成就和重要性。如果你有打算在教育领域实现自己的人生发展和事业上升，那么你需要确保你在前进的过程中，选择的道路和采用的方式依然能够保持和尊重你的职业激情。

为了获得成功而实现成功本身没有任何意义。我还记得自己曾经有这样一位同事。她在从事了几年的一线教学工作之后，成为了一名教学督导。我们当时聚在一起庆祝她的升职。在庆祝会上，她十分兴奋地跟我们描述她多么希望自己在新的岗位上也一样能够发光发热，大放异彩。一年之后，她给我打电话抱怨，十分痛心地表示自己对新职位的失望。

她以为成为了一名教学督导之后，就能够拥有更大的权力。她以为教学督导这个职位就意味着她的教师同事会听从她的指令并按照她的建议来开展教学。但是她很快就意识到，作为一名教学督导并不意味着你拥有很大的权力。事实上，你所拥有的教学管理权力甚至还不如一线的教师。

不久之后，她决定成为一名教学主管助理。一年之内，她成功地找到了一份教学主管助理的工作。当我致电她表示祝贺时，她再度对新岗位充满了热情，兴奋地对我说，"我觉得自己肯定可以在这个岗位上干出点大事来。"我当时就在电话里警告她，并且告诉她作为一名教学主管助理，属于她自己的私人时间将会变少，但是当时她狠狠地嘲笑了我给出的这个警告。相反地，她十分兴奋地开始跟我谈论自己将要得到的一间独立办公室，并且终于成为一年12个月都上班领薪水的员工了。更别说这次跳槽还能够涨薪！

不出所料，一年之后她再一次找到了我，并表达了自己对这份工作的失望之情。这份工作跟她想象中的完全不一样。所有的教师都特别讨厌她。所有的教师都不会听她的建议。她每天都要上很长时间的班，根本没有时间陪伴自己的孩子。这份工作既繁琐，又累人，还没有任何的成就感。然后她跟我说她打算努力工作，升职成为教学主管，至少这样她能够成为发号施令的人。或者，她打算找到一份在教育局的工作，然后完全脱离学校环境。

为了追求升职而升职并不一定能够带来职业和人生的幸福感。哪怕升职加薪能够让你挣到更多的钱，让你的求职简历看起来更漂亮，下一份工作也并不一定能够让你产生满足感，尤其是当你跳槽的目标是"职业的上升"而非寻求自己的职业激情时。

有些人永远都在寻找下一次升职的机会，不停地沿着职业发展阶梯向上爬，根本不管这过程中的每一份新工作是否与自己真正想从事的工作有关，也不关心这份工作是不是人生中最想要做的。而其他的人则找到了自己的职业激情，这些人的每一次升职加薪，都是进一步深化了自己的职业热情的结果。大家猜猜看，哪一组人会感到更加开心和幸福？

了解自己所在学校的运作模式

作为一名刚刚接触教学工作的新手老师，教学很容易就会占据你全部的时间和精力，以致于你完全不知道教室外都发生了些什么。在我刚刚从事教学工作的前几年，赶上学生的学习进度、赶上课程大纲规定的教学进度以及关注学校教学方面的动态和变化就已经让我手忙脚乱，几乎喘不过气来。我根本没有时间和精力去关注所在教学区官方教育政策有什么样的变化。

我当时在一所规模很大的地区学校教课，并且在一个人数众多的总办公室办公。每一周，学校都会发布每周教学时讯，并分发到整个教学地区的所有办公室，但是我几乎没有时间来关注上面的内容。当时我们还有一个地区教学网站，上面也会发布各种各样的信息，但是我基本上只会使用这个网站来调课和更改教学安排或是管理自己薪酬方面的文件。我当时认为，自己只要关注本校内发生的事情和新闻就足够了。

第一个学年结束后的那个暑假，我接到了一个来自总办公室的电话（很抱歉的是，我到现在都不知道打电话的这个人叫什么名字，是什么职位）。

她询问我是否愿意成为三位新教师代表中的一位，并且为下一学年即将来校工作的新教师们发表"欢迎就职本校"的讲话。当时，我并不知道这是一件十分重要的事情。我以为这可能是一场在会议室里召开的欢迎会，下面大约有百十来个教师，而我只要跟这些教师同事们分享一下自己在第一年的教学经历和心得体会，并且最后祝他们好运就算完成了自己的工作。所以我不假思索地就应承下来，然后就回家探亲去了。我的家人当时住在美国的另外一个州，距离学校还是比较远的。我在飞机上草草地列了一个讲话提纲，并且在回到家之后大致修改了一下。

我终于开始意识到这是件大事，是因为又一个来自总办公室的职员（我也不知道这个人是谁）往我家里打了个电话，并且询问我是否可以先传真一份讲话稿给他们。然后又有一个人给我打电话说了一遍当天的仪式流程，并提醒我着装要求。我终于意识到地区教育局十分看重这份讲话稿，于是我开始疯狂修补自己的讲话稿，试图让它看起来更正式。然后自己对着镜子演练了好几遍。

发表演讲的那一天终于来临了。我自己开车去了所在教学区的一所高中，而且我之前从未到过这个地方。毫不夸张地说，停车场上真的停了数百辆汽车。我好不容易才找到一个停车位，停好自己的车子之后，十分紧张地朝校园走去。校园里到处都挂着横幅，有好几百人端着咖啡在校园里闲逛，到处都是欢迎新教师的标志，入口处还有专门的接待人员给到访者分发袋子和名牌。

我向接待处走去，报了自己的名字和身份，然后得到了一份日程手册和一枚带着我名字的胸牌。我小心翼翼地拿着自己的日程手册走进了大礼堂。

当我的眼睛终于适应了大礼堂内昏暗的光线后，我被眼前的场景惊呆了。大礼堂里已经坐了好几千人，有好几家媒体正在架设自己的摄影机。带着场记笔记板的工作人员急匆匆地前后忙碌布置会场。我吃惊得无法动弹。观众这么多？

我深深吸了一口气，然后朝前面走去。我在前面站了好一阵子，不太确定自己到底要做什么或是坐在哪里。我注意到有两位穿着西装的男士站在演讲台的边上，我觉得他们可能可以提供一些帮助，于是我走向他们。

"不好意思。"我十分礼貌地打断了他们的谈话。他们转过身来，看着我。我面带微笑地对他们说，"我很抱歉打断二位的谈话，但是我想问一下你们是否知道谁是这里的负责人？"

两位男士都真诚地笑了。个头较高的那位男士指着另外一个人说，"他是这里的负责人。"

而那位男士则使劲地摇头说，"啊，不是的，我才是为他打工的那个人。"他一边说，一边回指着个头较高的男士。然后他们都开始放声大笑。

我十分困惑地看着他们。很显然，我根本就没有听懂他们所说的笑话。个头较高的男士看出了我的困惑，微笑着问我，"我们能够帮你什么忙呢？"

"是这样的，按照日程的安排，我今天要上台发表一个讲话，但是我现在不太确定自己应该坐在哪里。"我指着日程手册上自己的名字向他们解释道。

他们看着日程手册上我的名字，然后注意到了我所属的学校。"啊，你是那个高中的老师啊？"个头较矮的男士问道。

"是的。"我微笑着回答。

"你觉得这个学校怎么样？"他接着问我。

"是这样的，我刚刚在这个学校工作了六个月的时间。但是到目前为止，我十分喜欢自己的工作和这个学校。"

"只有六个月？"他假装惧怕地看着个头较高的那位男士，说："你的意思是，我们今天的安排将会让面前这位年轻的女士给一群刚刚入职的教师讲话，而她自己才有六个月的教学经验？"然后他们两个人都开始大笑。

"我根本就不知道这回事儿。"个头较高的男士摇了摇头。

我这次终于明白他们的笑点在哪里了。"别担心，先生们，我就是这么优秀。"我十分夸张地吹嘘自己。

我们三个人就这么站在一起开玩笑,直到好几分钟之后,司仪终于走上讲话台,要求每个人回到自己的座位上。我慌张地四处张望,因为我仍然不知道自己到底应该坐在哪里。个头较高的男士看出了我的茫然,向我示意,让我跟着他走。"这儿,你可以到这里来跟我们坐在一起。"他向我邀请道。

我坐在了第一排最边上的位置,身边坐着刚刚认识的两位男士,而我正在十分紧张地看着自己的讲话稿。司仪首先欢迎了所有到场的参会者并宣布今年本教育区总共招聘了2200名新教师,并且大部分新教师都到场参加了当天的仪式。2200名新教师,我的天啊!

我立刻将自己准备的讲话稿中大部分的内容进行了调整,并开始仔细审视自己的讲话稿。这时,有人开始向观众介绍整个教学大区的负责人和管理者。我抬头向讲台看去,十分好奇这个人会是谁,让我大吃一惊的是,个头较矮的那位男士站了起来,朝我眨了眨眼睛,然后走上了讲台。

我瞬间感到无比羞愤。我不断回想五分钟之前我还在漫不经心地跟他开着玩笑,五分钟之后他就变成了我上司的顶头上司。我的脸因为羞愧而通红。我觉得十分丢脸,因为我根本就不知道他的身份,而他却在交谈的时候看出我的无知。我觉得自己就是个彻头彻尾的白痴。

虽然当天我稳稳当当地将自己的发言做完了,也顺利地过完了那一天,但是我却从当天的经历中学到了一个令我毕生难忘的经验和教训。这也是我职业发展中至关重要的一课。因为如果我想要成为教育系统的一分子,我就需要知道都有哪些人参与了这些工作,以及整个系统是如何运作的。我本应该提前做好功课。如果我做了事前的准备工作，我就会知道我所在的教育系统每年都会招聘好几千的新教师，并可以针对如此大规模的听众作更充分的准备。如果我做了充分的研究，我就会知道那个跟我谈话的人就是邀请我来发表讲话的人。如果我提前做了调查，我就会在看到教育区负责人和他的助手时能够第一时间认出他们的身份。

所以我给诸位的建议就是，做好事先的研究和准备。了解自己所在学校的系统和运行模式。花一些时间来学习和研究总办公室的组织结构，这样你就能够明白哪些人做出的决定会直接影响到你的工作和生活。关注学校大领导做出的战略性发展规划，仔细阅读所在教育区的时讯和新闻。

在谷歌搜索引擎设计一个新消息通知提醒，这让你能够及时了解和掌握所在学校和教育区最新的动态。身为一线的教师，你无需过多涉足校园政治，但是你仍然需要了解这些机构的运作方式，因为它们将会在以下方面对你造成影响：

首先，那些直接管理和引导你教学工作的政策和规定会以整个教学大区的政策和规定为依据。各种各样的决策，从薪水的涨幅到新课程大纲的要求都会首先由地区级别的机构做出决定，然后再由上而下的推行。因此，跟进最新的动态不仅至关重要，还对你个人大有好处。其次，如果你打算有朝一日从一线教师岗位向上发展到地区级别的教育岗位，了解有哪些岗位空缺以及每个空缺岗位的职位要求至关重要。哪怕你的理想就是一直做一名一线教师，了解自己所在的教学大区是否有其他的兼职机会——例如暑期的任课机会或是可以额外兼任的其他工作职位等等——对你来说也至关重要。以我个人为例，大多数暑假我都会用来从事教学大区提供的其他工作机会，以赚取一些外快。我也曾在学年教学过程中担任一些会额外支付酬劳的教学工作，这确保我能够在保证自己收支平衡的同时，接触到教师职业的其他发展机会和就业方向。所有这些我从事过的兼职中，有很多都是只要你知道这个职位的招聘信息，你就会被录用。而我之所以能够找到这些招聘信息，是因为我会时刻关注地区层面的新闻和动态。不久之后，我又得到了另外一个工作机会，这一次是因为我在地区办公室中的熟人刚好掌握了这个招聘的信息。

你需要了解自己所在教学地区的运作模式。这不仅仅能够让你避免遭遇像我那样极度尴尬和丢人的经历，也能够帮助你脱颖而出；因为你能够获得更多露脸的机会。而如果你做不到这一点，那么你也就错过了所有潜在的好处。

与所在学校以外的同行建立职业联系

为了加快自己的发展和成长，你可以采用的一个方式和途径就是尽可能增加自己在所属教育区以外地区的曝光率。向其他教育区，其他州或是其他国家的教师同行学习，能够显著拓展你的教学技能储备，让你接触到新的教学想法和理念并且避免让你成为目光短浅的人。而与其他地区的人建立职业联系的最佳方式就是加入各种各样地区或全国性的组织机构。你可以参加大型教育专题会议并通过向他人学习来拓展自己的知识面和专业技能。当你参加大型的教育研讨会时，你可以仔细观察那些优秀的主讲人是如何演讲的，然后向组织方提交自己策划的一两份会议倡议书。

我自己的教育咨询职业生涯就是这么开启的。而我的演讲生涯则源自一份向地区教师职业发展研讨会提交的发言申请。在那次的发言之后，我被邀请为一场全国性的职业发展会议作讲话。我的计划书得到了批准，然后我开始在其他全国性的会议上演讲。在这些会议上，我认识了来自全球各地的教师同行，并从他们的身上学到了很多知识。

这些经历不仅仅大大磨砺了我的专业技能，也让我成为了更优秀的教师，并最终让我实现了从一线教师到教育咨询专家的转变，正是这些会议让我接触到了一些全国知名的教育专家。他们的指导和培训，一直陪伴着我的职业之路，直到我获得成功。

专注于学生的发展和需求

很多时候，当我们试图成为优秀的教师并获得更多的肯定和关注时，我们往往会忘记自己给学生带来的影响才是真正能够体现和反映我们的职业水平的衡量标准。身为教师，我们绝对不应该忘记这一点。如果你能够将重心放在学生身上，真正关注如何才能够为他们提供最好的教育，那么你一定会成为一名大放异彩的优秀教师。因为人们一定能够看到你的付出和成绩。

在我从事教学工作四年后的第五个年头，我的持续付出终于得到了回报。当时《华盛顿邮报》的一位记者找到了我。因为他很想知道我到底是怎么帮助少数族裔学生和社会底层家庭的学生完成了先修课程的学习。他询问我他是否可以过来观摩我的课程和教学方式，如果可能的话，他想将我的故事写入一篇关于开放先修课程学习机会的报道中去。

听到他的建议，我简直是受宠若惊！因为他是一个很有名气的记者，而且能让他在自己每周的专栏报道里写上我的故事，真让人兴奋。我为此准备了一堂观摩课，并且跟全班的学生进行反复演练。因为我希望当这位知名记者来观摩我的教学时，我和学生的表现能够让他印象深刻。

他来听课的那一天，坐在了教室的最后一排，我在讲台上按部就班地按照自己精心设计的教学大纲开展教学工作。虽然全班的学生都竭尽全力地配合我的教学，让我的教学效果看起来尽可能完美，但还是出现了一个问题：在课前热身活动设计中，孩子们在一个环节上陷入了困境。学生们无论如何也没办法正确地完成一个句子的填空练习。

一开始，我一再试图向他们解释这个句子，而学生们也十分配合，努力地想要按照我的指令来学习。但是很快我就发现，学生们明显没有学会这个句子。这个发现让我十分恐慌。在当时的情况下，我面临着两个选择。我可以直接放弃这个课前热身活动练习环节并直接进入更有趣也更有深度的教学内容；或者我可以假装这个知名的记者不存在，继续花时间来帮助学生们真正理解这个句子。

在脑海中反复思考两个选择的优劣之后，我知道自己应该做什么：我选择了自己的学生。我深深吸了一口气，拿起一支黑色马克笔，在白板上写下了学生们无法理解的那个句子。我其实已经私底下教过学生们如何通过图示来划分句子结构了，包括如何拆分复杂句子的结构以及如何修改他们在作文中的句子结构。当时，图示分析和划分句子结构的做法已经完全过时了。事实上，很多教育专家认为利用图示划分和解析句子的结构无异于对学生的折磨并且不具备任何教育价值。但是因为这个教学方法看起来在我的学生身上效果不错，我就会在正常的教学进度中时不时地穿插那么一两节课来专门讲解如何用图示法来划分和分析句子结构。我很害怕其他的教师或是领导会发现我仍然在教学生们这些所谓过时的知识，我之所以会"顶风作案"地继续采用这个教学法是因为它真正帮助了学生们更好地理解复杂句子和文章的含义。

写完之后，我带着满脸羞愧最后偷偷瞟了一眼默默坐在后排的这位知名记者。然后要求学生们按照已经学会的图示方法来拆分和分析这个存在理解困难的句子。学生们在拆分到一半时忽然明白了整个句子的结构和含义，并且迅速地正确回答了课前热身活动中的那个问题。学生们的表现让我十分惊喜，但是在接下来的教学过程中，我一直在心中感到惴惴不安。我这辈子扬名立万的机会就被我这么给毁了。

在课间休息时，我悄悄地走到这位知名记者身旁，询问他是否从我的课堂上得到了他预期的东西。他看起来有点心烦意乱的样子。我开始向他解释整个教学过程的安排和设计，他却突然打断了我，问道，"你教学生们图示拆分和解析句型有多久了？"

我默默低着头，低声嘟囔着说其实我也只是偶尔才会给学生们上图示解析句子成分的课程，因为这个方法能够帮助学生们更好理解复杂的文章。"我知道自己的做法有点儿挑战常规，"我紧张地笑着解释，"但是这个方法真的对我的学生们很有效。"

"这就有意思了。"他一边穿上自己的外套，一边低声说，"非常感谢你邀请我来观摩你的课程。"说完这些，他——以及我成名的机会——

就这么头也不回地离开了我的教室。

在开车回家的路上，我开始后悔自己选择了在一个知名记者的面前教学生们图示拆分和解析句子成分并且因此不停地责备自己。我当时就应该不管学生们的疑问直接往下讲。虽然我个人坚定地相信图示拆分和解析句子成分对我的学生来说是一个有效的教学手段，但是我错就错在不应该在一个记者面前展示它的教学过程。我后悔万分地想，这个记者现在肯定觉得我是个糟糕透顶的教师。

大家可以想象一下，几天之后，当我收到这个记者发来的邮件时有多么惊讶。他在邮件中又提问了我一些问题，都是关于我如何在自己的教学中采用图示的。我如实回答了所有的问题，同时极力辩解自己采用这个教学手段的唯一目的是为了帮助学生们更好理解复杂的文章和内容。

又过了几天，他再次给我发来邮件，告诉我他正在以我不同寻常的教学方法为蓝本撰写一篇文章，而这篇文章将会发表在《华盛顿邮报》上。他还派了一个摄影师来到我的课堂给我拍照。在同一周的星期日，我的照片和他写的文章登上了《华盛顿邮报》城市版的首页。

如果当时在课上我选择了让自己看起来很优秀，而不是做我认为一名教师真正应该为自己学生做的事情，那么我可能永远也得不到这样一个机会。如果我选择了前者，那么我能够期待的最好结果就是这个记者在每周的专栏中捎带提及一下我的名字。但是，选择了为学生最佳的学习和发展效果而努力，无论这个选择是否会让我看起来像一个无能或糟糕的教师，我反而获得了比预期中更多的肯定和更大的知名度。

只有当教学的重心是学生而非教师时，你才真正有机会展示你最好的一面并且获得大放异彩的机会。你需要投资你的学生，而非自己的职业上升之路。只要每个学生的表现都能够与众不同，身为教师的你也一定会脱颖而出。

我知道，诸位新教师心中关于自己人生的规划和成功都有着各种各样远大的目标和伟大的理想。我相信你们每个人都有成功的野心和欲望。你想要成为最好的员工，能够尽快地沿着职业发展阶梯向上走，并且能够让所有人都看到和认同你的成就。有这样的想法不存在任何问题。但是我同时也希望诸位能够享受这个发展和前进的过程。我有朋友在35岁时就成为了教学主管，在40岁时就成为大区的教育负责人，但是他们在爬到职业顶峰之后回过头来看，发现自己在接下来的人生里已经没有了奋斗的目标。

我也曾见过无数的教师，有年长的，有年轻的，但他们都因为太过专注于向上升的职业发展目标，而忘了享受这个慢慢向上发展的过程。这是一个令人悲伤的事实，我个人是这么觉得的。教师这份职业也有着一些最美好的时光。当你在学习那些能够让你成为顶尖教师的知识时，当你慢慢形成自己对教育的独特看法和理解时，当你发展自己独有的教学风格时，当你能够享受自己的教学工作时，所有这些都是值得回忆的美好经历。刚刚接触教学工作的你，在这个阶段可能很难体会到我所描述的这种心情，但是相信我，这些经历都是人生宝贵的财富。因此，千万不要因为急于求成而错过了它们。

拥有职业发展的野心，想要超越他人是完全可以接受的。作为教师，你当然也可以大放异彩，但是让自己持续发光的正确方法不是换一份又一份的新工作。不断换工作、升职加薪或是过上光鲜体面的生活都不是维持身上光环的正确途径。这些光亮应该来自你的内心。你需要找到自己的工作激情，然后根据那些能够持续维持这份工作激情的需求，规划自己的职业发展。这才是你能够真正让自己发光发亮，并且持续维持自己的光亮的正确方法。

第十章

如何成为一名顶尖教师

You Can Lead

Becoming a Master Teacher

你不可能在从事教学工作的第一天就成为一名顶尖的教师，也不可能在第一周甚至是第一年内成为顶尖的教师。当然，在这个过程中你也可能会拥有那些大放异彩的时刻，但是真正的教育大师意味着稳定且毫无瑕疵的发挥，而这需要时间的锤炼和积淀。

但是，也千万不要因此而灰心丧气。

你自己本身可能就是一个好学生，已经习惯了每一次都将事情"做到最好"。你的学习成绩特别优异，在班上名列前茅；并且在开始教学工作时感到十分兴奋和激动，因为终于有机会将自己在课堂上学到的知识和技能运用到实践之中。你花了好几个星期的时间来备课，猜测自己未来学生的样子，构思着自己能够带领学生学会哪些有趣的知识。

但是有可能在你上课的第一天，第一个星期或是第一个月，所有的事情都与计划和想象中的完全不同。你遭遇了一些障碍，或是碰到了一些难题，而这些都是学校的教育没有教过你的。你可能犯了一两个错误，甚至是数十个错误。你感到十分尴尬，被现实打击得措手不及，甚至还可能感到一丝不堪重负。在你参加新教师入职培训时，你从来都没有想到自己不了解的东西原来这么多。

遭受重重打击之后，你可能感觉自己这辈子都不可能成为一名顶尖的教师了。你可能会感觉自己永远都不能让自己的课堂变得纪律严明、井井有条，而且所有的学生都可以在同一个时间乖乖地按照你的要求学习。但是我要告诉你的是，只要你付出努力，就能够实现这些目标。唯一存在的问题是，这些目标实现的进度可能与你预期的不一样。

正如我在前文所说的那样，成为顶尖的教师需要长时间的积累和沉淀。不过你也无需担忧；我不会在接下来的章节里对着诸位大谈"你们应该如何无私地为教育事业做奉献"。我只是在与诸位分享一个事实，而这也是一个我自己花了很长时间，吃了不少苦头才意识到的事实。相信你们从前面几章的故事里已经可以看出来，在我刚刚从事教学工作时，我也觉得自己是个挺不错的教师。可以肯定的是，虽然我也面临了很多的挑战，但我第一年的教学经历并没有想象中的那么恐怖。事实上，我甚至认为在我第一年的教学工作中，我还有过那么一些辉煌的时刻。

但是我第二年的教学工作很快就给我带来了新的挑战。在我第一年的教学工作中特别突出的课堂和教学管理问题在第二年的教学工作中再度出现。而且我也不知道为什么同样的问题会再次出现。我认为之所以出现这个问题，是因为我是中途接手这些班级的，当我接手时，大部分的班级文化和氛围已经基本定型了。所以到了第二年，我不得不尝试培养自己独有的教学文化，而这是一个艰苦卓绝的过程。

更糟糕的是，我认为我已经成功解决了第一年教学工作

> 每一个人成为顶尖教师的方式和途径都是各不相同的。

中存在的所有问题。并且认为自己已经能够熟练地应对挑战和解决问题，而且盲目乐观地觉得自己已经踏上了顶尖教师的成功之路。但是在第二年教学工作中遭遇的困境和挣扎导致我开始质疑自己的信念，一段时间之后，我彻底丧失了成为一名顶尖教师的信心，认为自己完全没有能力掌控教学工作。

而我学到的一个经验就是——相信诸位很快也会意识到这一点——每一个人成为顶尖教师的方式和途径都是各不相同的。有些人可能在入职之后经历了几个月激烈的挣扎，到了一月或二月时开始慢慢掌握教学工作的规律，然后最终能够以胜利者的姿态度过第一个学年。而有些人可能会顺顺当当地过完第一个学年，但是在第二年或是第三年的教学工作中开始遭遇各种障碍、挑战和磕磕绊绊，以致于想要彻底离开教育行业。还有些人可以稳健地、一步一个脚印地成为顶尖的教师。除此之外，也许还有一些教师可能在职业生涯的前几年都一直处于挣扎的状态，但是却能够在尝试几个不同的方法和策略之后最终找到一个最适合自己的教学模式和风格。

我们每一个人走向顶尖教师的途径和节奏都不尽相同。而那些没有最终成为顶尖教师的人，并不是因为他们没有这样的能力或是选择了错误的道路，而是因为他们过早地就放弃了自己的梦想。

优秀的教师，尤其是顶尖的教师，是需要时间来养成的。你不能因为自己没有按照自己规划或是预期的方式实现发展或提高的目标就干脆放弃或是变得绝望。你需要坚持不懈地投入精力和努力，坚定地相信自己的能力和前途并且持之以恒地做好自己的教学工作。最终，你一定能够成为一名顶尖的教师。

找到自己从事教学工作的理由

那些能够一直坚持教学工作并且最终成为顶尖教师的人，一定找到并坚持了自己从事教学工作的理由。如果你根本不知道自己为什么要从事教学工作，那么教学实践中出现的诸多挑战和困难就会把你压垮。而你从事教学工作的理由能够让你保持对工作的专注；并在你感到灰心丧气时为你提供坚持下去的能量；也能让你在想要放弃一个学生时咬牙坚持履行自己的责任，或是让你能够在所有人都持反对意见的情况下坚持做正确的事情。这个理由能够保证你对教学工作抱有持续的热情。这个理由也能够激发你的创造力和想象力。这个理由还能够告诉你如何才能成为一名顶尖教师，并让你明白自己什么时候可以成功地成为一名顶尖教师。

可能你早就知道自己从事教师行业的理由。有可能是因为你想要改变这个世界，或是想要帮助学生们爱上数学课，抑或是想要让自己的学生明白他们的人生充满了无数的选择和可能性。如果你从事教学工作的理由就是这样，那么恭喜你！无论如何，让你自己坚持这个理由，并且找到每天强化这个理由的方法。不要虚度每一个教学工作日，最好每一天都做出一些小改变：或是帮助学生每天对数学课的喜爱多一点点，或是至少每一天都让一个学生意识到自己的人生仍有无限的可能性；无论改变有多么微小，成就都是巨大的！

或者，这个阶段的你尚未明确从事教学工作的理由。你只知道自己喜欢教学工作，喜欢跟学生们呆在一起，甚至觉得自己正在从事的工作是重要的、有价值的，但是你却不太确定为什么这份工作对于你来说，如此重要，如此珍贵。

现在支撑你继续从事教学工作的理由可能是你从一本书，或是从所属学校的教育目标中借鉴而来的，甚至有可能源自教师招募机构许诺的激动人心的目标所激发的兴奋情绪。但是我希望你可以尽快找到自己从事教学工作的理由。一个外在激发而并非内生的理由可能在短期之内激发你的工作兴趣，但是它无法长期满足你的工作需求并在教学工作变得艰难时继续给你提供支持。你必须要找到自己从事教学工作的内在动力和理由。否则，你很容易就会在每次遭受挫折之后变成一个爱抱怨的人——或更糟糕的是，变成一个幻想破灭后心灰意冷的人。

有些人可能已经失去了坚持教学的理由。教学工作的高要求，压在肩膀上的各种重负以及在看到理想很丰满现实很骨感之后产生的绝望情绪都有可能让你放弃自己从事教学的初衷或让你感到自己在当前的困境下根本不可能坚持曾经的教学的初衷。相信我，所有人都有可能经历这样的阶段。

但是，即便你曾经失去了这样一个初衷，你也需要将它找回来。你不得不这么做，否则你就是在伤害自己和你的学生。让你坚持教学的初衷能够带你走出理想幻灭后的低谷，并且能够帮助你抵御抱怨情绪的滋长。让你坚持教学的初衷和信念会帮助你的教学工作充满意义，哪怕你当前被要求完成的工作看起来毫无价值。

即便在最糟糕的情况下，这个坚持教学的理由也能够帮助你保持自己对教学的热情。

这就是我想与诸位分享的一个道理。我曾经与一些已经失去了教学意愿的教师们合作过。这些教师在找到我时，已经完全处于"茫然失措"的状态。他们抱着得过且过的态度应付每一天的教学工作——每一天都感到工作过度，不堪重负甚至有时候会感到过度劳累。他们想要得到解决问题的方法但是却早就对情况的改善不抱任何希望。在多年的教育咨询工作中，我意识到造成所有这些负面情绪的直接根源就是迷失了继续坚持教学工作的理由。所以在这群人身上，我主要的工作就是帮助他们重新找回自己曾经的理由，找到持续保持这个理由和动力的方法。我们并没有改变他们的教学现状；他们在教学和生活中面临的需求和压力依然存在。但是神奇的是，当你能够重新找回那个让自己无比痴迷教学工作的理由时，所有这些看似不可能完成的任务几乎瞬间就变成了可以实现的目标。

这就是找到并保护好让自己坚持教学的理由所给予的能量与魔力。

坦然接受教学工作中棘手和混乱的一面

身为教师，成为一名顶尖教师将是我们所面临的最艰难、最具挑战性并且实现之后回报最大的一件事情。要做好心理准备，这是一项十分棘手的任务。世上不存在一条通往顶尖教师成功之巅的坦途。你将会发现，在自己终于成功掌握了教学工作的一部分技能之后，你才意识到仍然有另外诸多的教学领域需要你继续攻克。或者你在费尽千辛万苦解决教学工作的某方面问题之后才发现，在这个过程中你竟然需要因此调整另外两个方面的教学实践。有的时候，情况糟糕的程度甚至会超乎你的想象。

我挣扎了很长一段时间，才终于接受了成为一名顶尖的教师并非可以轻松、顺利实现的现实。因为看起来这个过程根本就不应该十分棘手或是艰难。毕竟，我自己接触过的那些顶尖教师们让整个过程看起来毫不费力，轻松无比。跟这些教师们相比，我感觉自己就是个不停犯错的业余选手。

一开始，我试图掩盖自己的错误和缺陷，并假装一切尽在掌握之中。我尝试了很多本来就很擅长的教学实践，同时避开了那些自己感到困难的教学实践。换句话说，在当时的教学过程中，我会刻意花更多时间来开展写作的教学，因为我自己写作能力很强，然后花尽可能少的时间来帮助学生们提高阅读的技巧和能力——因为我个人并不是特别擅长这方面的教学，知识储备也不足。最后导致我的教学设计和安排变得无比死板，且十分不均衡。而学生们的利益也因此遭到了损害。没错，他们的写作能力变得很强，但是他们在阅读方面存在很大的问题，根本就无法看懂文学作品。

学生们的测试成绩直接出卖了我。他们的成绩分布不均衡的程度特别严重，导致我无法继续隐瞒自己的缺陷和弱点。为此，我不得不努力提高自己在阅读教学方面的能力。一开始我十分抗拒这个过程。因为我根本不愿意承认自己在某些教学方面仍然存在巨大的缺陷和困难。更糟糕的是，我根本就不知道要如何才能够解决这些问题。

我开始研究阅读教学法，但是因为市面上存在数量众多的阅读策略和方法，以致于我根本无法判断到底哪个方法才是有效的。我根本不敢在教学实践中尝试任何一个阅读策略和方法，因为我太害怕自己选择的策略和方法是错误的。如果是这样的话，我只会让学生们的情况变得更糟糕。

我向周围的同事们请教和求助，但是却发现每一个同事所采用的阅读策略和方法都不一样。看起来就好像每一个人都选择了一些只对他们的课堂和学生有效的阅读教学策略和方法。我没办法确定这些方法中哪一个可以适用我的学生和课堂。而我鼓足勇气尝试的那些阅读策略和方法结果都不尽如人意，效果很差。学生们也开始因为我阅读教学过程中缺乏明确的学习指令而变得不耐烦，他们把我在提高阅读水平和能力方面的努力和尝试当成无用又繁重的负累。

整个学期在阅读教学方面的尝试都失败了。直到我无意之间发现了一个对我的教学有效的方法。当时，我正好在一个研讨会的现场。会议组织方给所有的参会者都发了一本有关语言艺术教学策略的小册子。其中有一条教学策略原本是写作教学的策略，但是我却看到了将这个策略用到篇章精读教学的可能性。我花了一到两个星期的时间来研究和设计这个教学策略，然后在接下来几天的教学实践中试验了这个方法。教学效果让我很放心，我也开始慢慢对阅读教学有了信心，越来越熟练地运用这个教学技巧。我终于找到了一个适合我的课程和学生的教学方法，而学生们的变化和提高几乎是瞬间就实现了。

事实上，这个教学策略非常成功，以致于几个星期之后，我们都忘了自己曾经花费好几个月的时间——中间还经历了无数失败的尝试——才终于找到了这个成功的策略，就好像这个策略一开始就存在那样。如果我在这个过程中放弃了尝试，如果我被这个过程的棘手程度和挑战所击倒，那么我就永远也不可能找到这个有效的策略。

直到今天，我仍然十分痛恨这样一个提高自己教学能力和水平的艰难过程。我希望自己在看到一个教学方面的问题时，能够花十分钟的时间，开启我神奇的思维模式，然后快速地得到一个正确的解决方

如果我们摒除这个过程中最棘手的部分，最令人挣扎和纠结的部分，我们也就失去了学习和成长的机会。

案，之后我可以十分慷慨地与世界的各位同仁分享解决之道，皆大欢喜！但是直到现在，我发现自己在面对每一个新挑战和难题时，仍然会十分挣扎和纠结并且需要经历许多的失败和挫折。我从事一线教学工作的时间不短，为教师们提供指导服务的经历也已经十分丰富，但是我可以凭自己丰富的经验和阅历告诉诸位，这样一个痛苦而艰难的过程永远都不会消失。事实上，我现在已经能够坦然将这样一个过程当成是成为一名顶尖教师并保持最佳状态的一个必经过程。如果我们摒除这个过程中最棘手的部分，最令人挣扎和纠结的部分，我们也就失去了学习和成长的机会。

所以，不要尝试直接略过这个混乱的过程。接受伴随着学习和成长的那些困难和挑战。毫无疑问，它们会令你感到不适，让你仓皇失措，甚至会让你灰心丧气，但是只有经历梳理所有这些混乱的思绪并清除所有的障碍和困难的过程，才能让你找到自己最有深度的见解并实现职业道路上的进步，最终使你成为一名顶尖的教师。

最近，有越来越多的教师会在工作坊休息时间或是听完我的演讲之后过来与我交谈，并且向我吐露意欲离开教师行业的打算。

他们向我倾诉在各种测试的重压之下，以及面临着教室内外各种无礼的挑衅和不尊重时想要真正专注于教学工作有多么困难。他们还抱怨缺乏行政方面的支持，学生和学生家长们有多么不尊重自己。其中很多教师在进入教育行业时，心中对教学工作充满了热忱与激情，或是怀抱做出贡献的伟大理想，但是莫名其妙地，随着教学工作的持续开展，由此产生的各种状况渐渐将他们对于这个行业和这份工作的高尚热情消磨殆尽。他们已经彻底失去了希望。

每一次听到一线教师这么说，我都会伤心欲绝。因为他们想要离开这个世界上最好的一份职业。因为这个世界上没有任何一份工作能够像教师这样为他人的人生带来如此深远的影响。身为教师，你有机会帮助学生们学习和发展，探索和了解身处的世界并且帮助他们实现自己最大的价值。

没错，现实会告诉你从事这个行业的确需要面对无数测试的压力和挑战。没错，你确实需要与那些完全不讲道理的学生家长或是对你毫不尊重的学生打交道。没错，教师这份职业不仅仅需要你每天付出超长时间的劳作，你挣到的薪水与你所有的付出与投入也完全不成正比。没错，你还将面临来自外界的各种批评和指责，因为他们不仅仅无法理解你的辛劳也不会珍惜你的付出，这些人只会耸耸肩告诉你，"是个人就能教书"。

但是，你将会帮助孩子挖掘潜力，在这个世界走出属于自己的成功之路，这也是一个毋庸置疑的事实。你将会激起学生们对学习的内在激情和热爱。你将会把通往一个更加美好和精彩世界的大门钥匙交到孩子们的手中。而且，如果你足够幸运的话，你的确能够改变世界。

懦弱无能的人是没有办法教书育人的。你必须要明确知道，教学工作给你带来的各种乐趣能否让你心甘情愿地忍受我们不得不忍受的那些胡闹无理的言行？

这并不是一个带有政治色彩的行动召唤，也不是安抚各位教师灵魂的心灵鸡汤。我是一个现实主义者，也是一个实用主义者，因此对于我来说，这中间的道理会更加简单明了。没错，教学工作有其自身的挑战和困难。但是它同时也拥有其他职业所不具备的好处。因此你需要在进入这个行业之前就先确定你从这份工作中得到的好处是否值得你花费那么多的时间和精力来解决所有这些挑战。

如果你决定踏入这个行业，感受它的魅力与迷人之处，那么不要轻易地安于现状。有些教师安于做一个平庸的教书匠。他们在合理的思考之后接受了这样一个事实，即他们在每一年的教学中不会顾及到每一个学生的学习需求，并学会了忍受自己只帮助班里大多数学生这一现状——他们不会苛求自己照顾到每位学生。他们开始变得自满，无论是自发自愿还是环境所迫。这的确是一种悲惨的境地。这些教师不再相信自己也可以成为顶尖的教师，所以他们说服自己只要工作能够过得去就可以。哪怕只是马马虎虎地应付交差也是可以接受的。或许他们会责怪孩子们，或是从周围的环境或是情况中寻找失败的借口。但事实却是，他们已经学会了妥协和安于现状。他们不再认为自己有可能达到顶尖的教学水平，所以他们干脆放弃了努力和尝试。

诸位，千万不要轻易地妥协和放弃。千万不要让那些已经放弃了自己达到顶尖水平的人也同样剥夺了你的梦想和可能性。成为一名顶尖的教师从来都不是一件易事，但却是一件可以实现的事，前提是你坚持不懈地努力和尝试。达到顶尖的教学水平不仅仅是可能的，还是必须的——为了你的学生，为了学生们的家庭，以及为了你自己的幸福和快乐，你都必须要成为一名顶尖的教师。因为这能够带来本质的改变，脱胎换骨的变化，这能让语言教学从纯粹地教会学生们如何解析和利用文字的特点变成引发学生们对阅读和学习终生的热爱。

　　这能让数学教学从简单地教会学生如何进行加减乘除变成如何帮助他们运用逻辑思维来高效地分析和解决问题。这能让自然科学教学从教会学生如何按照教师的操作步骤实验，变成在他们的心中种下探索世界的真实渴望。这能让历史学科的教学从简单地让学生背诵历史书上的时间和事件变成帮助他们理解自己身处的历史环境并且学会博古通今，以史为鉴。这能让艺术、音乐、计算机科学和体育教学变成帮助学生们的人生丰富、有趣以及有意义。身为一个有可能实现这些无穷变化的人，你根本无需轻易地满足于自己当前所取得的成就，也无需轻易地在现实面前妥协。你可以成为一名顶尖的教师。

　　而你一定也可以实现这个目标。

反思与总结

第一章

- 你是否曾经梦想过要成为某种特定类型的教师？你认为这些梦想中的教师形象是否更多的是关于你对未来理想形象（自我驱动）的描述？还是更多的关于能够如何帮助学生的学习？

- 你是否曾经实践过自己身边同事推荐的一些教学技巧或方法，但是却发现对自己的教学实践完全无效？是否存在其他教学方法可以运用到你的教学实践中，并更加适合你的学生和教学风格，取得更好的教学效果？

第二章

- 找到一件可以让自己放松的事情——确定是自己每天都可以做的——每天能够有机会喘口气，让自己从繁重的工作中脱离出来并恢复精力。这可以是一项十分简单的日常安排，例如每天阅读几页小说，或是在自己居住的社区附近走一圈，呼吸一些新鲜空气并让思维变得更加清晰。

- 你有没有布置一些对学生的学习完全没有任何帮助的家庭作业？或是为了布置作业而布置作业？因为你觉得自己如果没有给学生布置作业，你就是个不称职的老师？花时间想一想自己能不能削减一些无用的家庭作业。

- 想一想自己能不能找到一项有趣的业余爱好或活动，并且可以与学生们分享自己从事这个活动时的趣事和感受。报名参加帆船课程？或是自己写诗歌？还是玩皮卡垒球？

第三章

- 你有没有从好心肠的同事或朋友处得到一些很好的建议，但是随后却发现这些建议在你自己的教学实践中根本没有产生任何效果？

- 将自己的教学策略按照重要性进行排序。找出你最需要在课堂教学中做出的转变，然后开展教学实践。

- 要怎么做才可以更有技巧地在学生面前暴露自己的弱点和缺陷？

第四章

- 回想一下自己本周都在课堂上教了什么内容。然后思考为什么自己要教这些内容。

- 研究自己的课程教学大纲。找出哪些是"必须要掌握的内容"以及哪些是"最好了解的内容"。

第五章

- 找到那些你可以主动联系并传达好消息的学生家长，做一个名单列表并开始联系。你有可能只需要给他们发一封寥寥数语的简短邮件即可。

- 你是否发现自己与学生家长们就"坏消息"的沟通和交流通常会失控？如果是这样的话，你要如何重新调整自己的谈话思路和流程，确保这些谈话能够遵循本书第五章中提供的四步骤（即首先告知坏消息，同时提供自己的解决方案；然后要求家长们也参与到解决问题的过程中来；再次给家长们列出他们需要提供的帮助和协助，一定要清晰而具体；最后以一个相对较好的消息或评论结束）?

第六章

- 回想一下最近遇到的一个课堂和教学管理方面的问题。有哪些是课堂纪律性问题？有哪些是课堂激励性问题？
- 你是否也犯了将自己当成是学生的同龄人这个错误？你要怎么做才能够慢慢改变这一形象并逐步树立更加专业和权威的风范？
- 你是否曾经羞辱过自己的学生？如果可以重来一次的话，你将会做出什么改变来避免羞辱自己的学生？

第七章

- 你是否曾经让自己的学生不及格？你能够采用什么方法来为这些学生提供帮助？
- 你是否曾经因为教学方面的失误（或是教学方面的重大事故）而埋怨自己？如果有，无需担心，所有的老师都犯过这样的错误。你可以想办法从这次的事件中学到一些经验教训，然后向前看。

第八章

• 在过去的教学经验中，你发现什么样的支持对你来说最有效？目前有没有人（无论是教学导师还是行政人员）能够为你提供类似的支持和帮助？

• 你的教学导师是否能够十分诚恳地直接指出你教学实践中存在的问题、缺陷或其他任何不足之处？如果答案是否定的，那么你可以做些什么，让教学导师能够更容易地为你指出问题并告诉你实情？

• 你从上一次参加的教学学术研究会议和工作坊中学到了什么？有没有哪个教学技巧是可以运用到你自己的教学实践中的？

第九章

• 你曾经通过何种方式让自己"看起来很优秀"？而不是专注于让自己"变得很优秀"？

• 你有什么样的职业热情与追求？是什么让你成为了一名教育者？你目前的职位是否能够帮助你实现自己的职业目标？

• 你有没有打算在近期内获得升职？你的新职位能否帮助你实现自己的职业梦想？

• 你能够采用什么方式来建立和拓展自己在所属学校以外的职业联系？

第十章

• 你是否"借鉴了一个从业理由"？这个借鉴而来的从业理由是

否真正满足了你自己的职业兴趣和职业目标？

- 基于你自己的教学经历，你认为自己曾经经历过的最糟糕和棘手的职业阶段是怎样的？你采用了哪些方式让自己接受并顺利渡过这样一段糟糕又棘手的阶段？

- 在你的人生中，有没有人——无论是朋友、同事或是家庭成员——的建议或意见让你觉得自己有可能根本不能胜任教师的工作？你是如何克服了所有这些反对或负面的意见，找到支持你继续从事教学工作的正能量的？

"常青藤"书系—中青文教师用书总目录

书名	书号	定价
特别推荐——从优秀到卓越系列		
从优秀教师到卓越教师：极具影响力的日常教学策略	9787515312378	33.80
从优秀教学到卓越教学：让学生专注学习的最实用教学指南	9787515324227	39.90
从优秀学校到卓越学校：他们的校长在哪些方面做得更好	9787515325637	59.90
卓越课堂管理（中国教育新闻网2015年度"影响教师的100本书"）	9787515331362	88.00
名师新经典/教育名著		
最难的问题不在考试中：先别教答案，带学生自己找到想问的事	9787515365930	48.00
在芬兰中小学课堂观摩研修的365日	9787515363608	49.00
马文·柯林斯的教育之道：通往卓越教育的路径（《中国教育报》2019年度"教师喜爱的100本书"，中国教育新闻网"影响教师的100本书"。朱永新作序，李希贵力荐）	9787515355122	49.80
如何当好一名学校中层：快速提升中层能力、成就优秀学校的31个高效策略	9787515346519	49.00
像冠军一样教学：引领学生走向卓越的62个教学诀窍	9787515343488	49.00
像冠军一样教学2：引领教师掌握62个教学诀窍的实操手册与教学资源	9787515352022	68.00
如何成为高效能教师	9787515301747	89.00
给教师的101条建议（第三版）（《中国教育报》"最佳图书"奖）	9787515342665	49.00
改善学生课堂表现的50个方法（入选《中国教育报》"影响教师的100本书"）	9787500693536	33.00
改善学生课堂表现的50个方法操作指南：小技巧获得大改变	9787515334783	39.00
美国中小学世界历史读本/世界地理读本/艺术史读本	9787515317397等	106.00
美国语文读本1-6	9787515314624等	252.70
和优秀教师一起读苏霍姆林斯基	9787500698401	27.00
快速破解60个日常教学难题	9787515339320	39.90
美国最好的中学是怎样的——让孩子成为学习高手的乐园	9787515344713	28.00
建立以学习共同体为导向的师生关系：让教育的复杂问题变得简单	9787515353449	33.80
教师成长/专业素养		
教学这件事：感动几代人的教师专业成长指南	9787515367910	49.00
如何更快地变得更好：新教师90天培训计划	9787515365824	59.90
让每个孩子都发光：赋能学生成长、促进教师发展的KIPP学校教育模式	9787515366852	59.00
60秒教师专业发展指南：给教师的239个持续成长建议	9787515366739	59.90
通过积极的师生关系提升学生成绩：给教师的行动清单	9787515356877	49.00
卓越教师工具包：帮你顺利度过从教的前5年	9787515361345	49.00
可见的学习与深度学习：最大化学生的技能、意志力和兴奋感	9787515361116	45.00
学生教给我的17件重要的事：带给你爱、勇气、坚持与创意的人生课堂	9787515361208	39.80
教师如何持续学习与精进	9787515361109	39.00
从实习教师到优秀教师	9787515358673	39.90
像领袖一样教学：改变学生命运，使学生变得更好（中国教育新闻网2015年度"影响教师的100本书"）	9787515355375	49.00
你的第一年：新教师如何生存和发展	9787515351599	33.80
教师精力管理：让教师高效教学，学生自主学习	9787515349169	28.00
如何使学生成为优秀的思考者和学习者：哈佛大学教育学院课堂思考解决方案	9787515348155	49.90
反思性教学：一个已被证明能让教师做到更好的培训项目（30周年纪念版）	9787515347837	59.90
凭什么让学生服你：极具影响力的日常教育策略（中国教育新闻网2017年度"影响教师的100本书"）	9787515347554	28.00
运用积极心理学提高学生成绩（中国教育新闻网2017年度"影响教师的100本书"）	9787515345680	59.90
可见的学习与思维教学：成长型思维教学的54个教学资源：教学资源版	9787515354743	36.00

	书名	书号	定价
★	可见的学习与思维教学：让教学对学生可见，让学习对教师可见（中国教育报2017年度"教师最喜爱的100本书"）	9787515345000	39.90
	教学是一段旅程：成长为卓越教师你一定要知道的事	9787515344478	39.00
	安奈特·布鲁肖写给教师的101首诗	9787515340982	35.00
	万人迷老师养成宝典学习指南	9787515340784	28.00
	中小学教师职业道德培训手册：师德的定义、养成与评估	9787515340777	32.00
	成为顶尖教师的10项修炼（中国教育新闻网2015年度"影响教师的100本书"）	9787515334066	49.90
★	T. E. T. 教师效能训练：一个已被证明能让所有年龄学生做到最好的培训项目（30周年纪念版）（中国教育新闻网2015年度"影响教师的100本书"）	9787515332284	49.00
	教学需要打破常规：全世界最受欢迎的创意教学法（中国教育新闻网2015年度"影响教师的100本书"）	9787515331591	45.00
	给幼儿教师的100个创意：幼儿园班级设计与管理	9787515330310	39.90
	给小学教师的100个创意：发展思维能力	9787515327402	29.00
	给中学教师的100个创意：如何激发学生的天赋和特长／杰出的教学／快速改善学生课堂表现	9787515330723等	87.90
	以学生为中心的翻转教学11法	9787515328386	29.00
	如何使教师保持职业激情	9787515305868	29.00
★	如何培训高效能教师：来自全美权威教师培训项目的建议	9787515324685	39.90
	良好教学效果的12试金石：每天都需要专注的事情清单	9787515326283	29.90
★	让每个学生主动参与学习的37个技巧	9787515320526	45.00
	给教师的40堂培训课：教师学习与发展的最佳实操手册	9787515352787	39.90
	提高学生学习效率的9种教学方法	9787515310954	27.80
★	优秀教师的课堂艺术：唤醒快乐积极的教学技能手册	9787515342719	26.00
★	万人迷老师养成宝典（第2版）（入选《中国教育报》"2010年影响教师的100本书"）	9787515342702	39.00
	高效能教师的9个习惯	9787500699316	26.00
课堂教学/课堂管理			
	差异化教学与个性化教学：未来多元课堂的智慧教学解决方案	9787515367095	49.90
	如何设计线上教学细节：快速提升线上课程在线率和课堂学习参与度	9787515365886	49.00
	设计型学习法：教学与学习的重新构想	9787515366982	59.00
	让学习真正在课堂上发生：基于学习状态、高度参与、课堂生态的深度教学	9787515366975	49.00
	让教师变得更好的75个方法：用更少的压力获得更快的成功	9787515365831	49.00
	技术如何改变教学：使用课堂技术创造令人兴奋的学习体验，并让学生对学习记忆深刻	9787515366661	49.00
	课堂上的问题形成技术：老师怎样做，学生才会提出好的问题	9787515366401	45.00
	翻转课堂与项目式学习	9787515365817	45.00
★	优秀教师一定要知道的19件事：回答教师核心素养问题，解读为什么要向优秀者看齐	9787515366630	39.00
	从作业设计开始的30个创意教学法：运用互动反馈循环实现深度学习	9787515366364	59.00
	基于课堂中精准理解的教学设计	9787515365909	49.00
	如何创建培养自主学习者的课堂管理系统	9787515365879	49.00
	如何设计深度学习的课堂：引导学生学习的176个教学工具	9787515366715	49.90
	如何提高课堂创意与参与度：每个教师都可以使用的178个教学工具	9787515365763	49.90
	如何激活学生思维：激励学生学习与思考的187个教学工具	9787515365770	49.90
	男孩不难教：男孩学业、态度、行为问题的新解决方案	9787515364827	49.00
★	高度参与的线上线下融合式教学设计：极具影响力的备课、上课、练习、评价项目教学法	9787515364438	49.00
★	跨学科项目式教学：通过"+1"教学法进行计划、管理和评估	9787515361086	49.00
	课堂上最重要的56件事	9787515360775	35.00
★	全脑教学与游戏教学法	9787515360690	39.00
★	深度教学：运用苏格拉底式提问法有效开展备课设计和课堂教学	9787515360591	49.90

书名	书号	定价
一看就会的课堂设计：三个步骤快速构建完整的课堂管理体系	9787515360584	39.90
如何有效激发学生学习兴趣	9787515360577	38.00
如何解决课堂上最关键的9个问题	9787515360195	49.00
多元智能教学法：挖掘每一个学生的最大潜能	9787515359885	39.90
探究式教学：让学生学会思考的四个步骤	9787515359496	39.00
课堂提问的技术与艺术	9787515358925	49.00
如何在课堂上实现卓越的教与学	9787515358321	49.00
基于学习风格的差异化教学	9787515358437	39.90
如何在课堂上提问：好问题胜过好答案	9787515358253	39.00
高度参与的课堂：提高学生专注力的沉浸式教学	9787515357522	39.90
让学习变得有趣	9787515357782	39.00
如何利用学校网络进行项目式学习和个性化学习	9787515357591	39.90
基于问题导向的互动式、启发式与探究式课堂教学法	9787515356792	49.00
如何在课堂中使用讨论：引导学生讨论式学习的60种课堂活动	9787515357027	38.00
如何在课堂中使用差异化教学	9787515357010	39.90
如何在课堂中培养成长型思维	9787515356754	39.90
每一位教师都是领导者：重新定义教学领导力	9787515356518	39.90
教室里的1-2-3魔法教学：美国广泛使用的从学前到八年级的有效课堂纪律管理	9787515355986	39.90
如何在课堂中使用布卢姆教育目标分类法	9787515355658	39.00
如何在课堂上使用学习评估	9787515355597	39.00
7天建立行之有效的课堂管理系统：以学生为中心的分层式正面管教	9787515355269	29.90
积极课堂：如何更好地解决课堂纪律与学生的冲突	9787515354590	38.00
设计智慧课堂：培养学生一生受用的学习习惯与思维方式	9787515352770	39.00
追求学习结果的88个经典教学设计：轻松打造学生积极参与的互动课堂	9787515353524	39.00
从备课开始的100个课堂活动设计：创造积极课堂环境和学习乐趣的教师工具包	9787515353432	33.80
老师怎么教，学生才能记得住	9787515353067	48.00
多维互动式课堂管理：50个行之有效的方法助你事半功倍	9787515353395	39.80
智能课堂设计清单：帮助教师建立一套规范程序和做事方法	9787515352985	49.90
提升学生小组合作学习的56个策略：让学生变得专注、自信、会学习	9787515352954	29.90
快速处理学生行为问题的52个方法：让学生变得自律、专注、爱学习	9787515352428	39.00
王牌教学法：罗恩·克拉克学校的创意课堂	9787515352145	39.80
让学生快速融入课堂的88个趣味游戏：让上课变得新颖、紧凑、有成效	9787515351889	39.00
如何调动与激励学生：唤醒每个内在学习者（李希贵校长推荐全校教师研读）	9787515350448	39.80
合作学习技能35课：培养学生的协作能力和未来竞争力	9787515340524	59.00
基于课程标准的STEM教学设计：有趣有料有效的STEM跨学科培养教学方案	9787515349879	68.00
如何设计教学细节：好课堂是设计出来的	9787515349152	39.00
15秒课堂管理法：让上课变得有料、有趣、有秩序	9787515348490	49.00
混合式教学：技术工具辅助教学实操手册	9787515347073	39.80
从备课开始的50个创意教学法	9787515346618	39.00
中学生实现成绩突破的40个引导方法	9787515345192	33.00
给小学教师的100个简单的科学实验创意	9787515342481	39.00
老师如何提问，学生才会思考	9787515341217	49.00
教师如何提高学生小组合作学习效率	9787515340340	39.00
卓越教师的200条教学策略	9787515340401	49.90
中小学生执行力训练手册：教出高效、专注、有自信的学生	9787515335384	49.90
从课堂开始的创客教育：培养每一位学生的创造能力	9787515342047	33.00

	书名	书号	定价
	提高学生学习专注力的8个方法：打造深度学习课堂	9787515333557	35.00
	改善学生学习态度的58个建议	9787515324067	36.00
★	全脑教学（中国教育新闻网2015年度"影响教师的100本书"）	9787515323169	38.00
★	全脑教学与成长型思维教学：提高学生学习力的92个课堂游戏	9787515349466	39.00
★	哈佛大学教育学院思维训练课：让学生学会思考的20个方法	9787515325101	59.90
	完美结束一堂课的35个好创意	9787515325163	28.00
	如何更好地教学：优秀教师一定要知道的事	9787515324609	49.90
	带着目的教与学	9787515323978	39.90
★	美国中小学生社会技能课程与活动（学前阶段/1-3年级/4-6年级/7-12年级）	9787515322537等	215.70
	彻底走出教学误区：开启轻松智能课堂管理的45个方法	9787515322285	28.00
	破解问题学生的行为密码：如何教好焦虑、逆反、孤僻、暴躁、早熟的学生	9787515322292	36.00
	13个教学难题解决手册	9787515320502	28.00
★	让学生爱上学习的165个课堂游戏	9787515319032	39.00
	美国学生游戏与素质训练手册：培养孩子合作、自尊、沟通、情商的103种教育游戏	9787515325156	49.00
	老师怎么说，学生才会听	9787515312057	39.00
	快乐教学：如何让学生积极与你互动（入选《中国教育报》"影响教师的100本书"）	9787500696087	29.00
★	老师怎么教，学生才会提问	9787515317410	29.00
★	快速改善课堂纪律的75个方法	9787515313665	28.00
★	教学可以很简单：高效能教师轻松教学7法	9787515314457	39.00
★	好老师可以避免的20个课堂错误（入选《中国教育报》"影响教师的100本图书"）	9787500688785	39.90
★	好老师应对课堂挑战的25个方法（《给教师的101条建议》作者新书）	9787500699378	25.00
★	好老师激励后进生的21个课堂技巧	9787515311838	39.80
★	开始和结束一堂课的50个好创意	9787515312071	29.80
	好老师因材施教的12个方法（美国著名教师伊莉莎白"好老师"三部曲）	9787500694847	22.00
★	如何打造高效能课堂	9787500680666	29.00
	合理有据的教师评价：课堂评估衡量学生进步	9787515330815	29.00
班主任工作/德育			
★	北京四中8班的教育奇迹	9787515321608	36.00
★	师德教育培训手册	9787515326627	29.80
	中小学教师职业道德培训手册：师德的定义、养成与评估	9787515340777	32.00
★	好老师征服后进生的14堂课（美国著名教师伊莉莎白"好老师"三部曲）	9787500693819	39.90
	优秀班主任的50条建议：师德教育感动读本（《中国教育报》专题推荐）	9787515305752	23.00
学校管理/校长领导力			
	卓越课堂的50个关键问题	9787515366678	39.00
	如何培育卓越教师：给学校管理者的行动清单	9787515357034	39.00
★	学校管理最重要的48件事	9787515361055	39.80
	重新设计学习和教学空间：设计利于活动、游戏、学习、创造的学习环境	9787515360447	49.90
	重新设计一所好学校：简单、合理、多样化地解构和重塑现有学习空间和学校环境	9787515356129	49.00
	让樱花绽放英华	9787515355603	79.00
	学校管理者平衡时间和精力的21个方法	9787515349886	29.90
	校长引导中层和教师思考的50个问题	9787515349176	29.00
	如何定义、评估和改变学校文化	9787515340371	29.80
	优秀校长一定要做的18件事（入选《中国教育报》"2009年影响教师的100本书"）	9787515342733	39.90
学科教学/教科研			
	中学古文观止50讲：文言文阅读能力提升之道	9787515366555	59.90
	完美英语备课法：用更短时间和更少材料让学生高度参与的100个课堂游戏	9787515366524	49.00

书名	书号	定价
人大附中整本书阅读取胜之道：让阅读与作文双赢	9787515364636	59.90
北京四中语文课：千古文章	9787515360973	59.00
北京四中语文课：亲近经典	9787515360980	59.00
从备课开始的56个英语创意教学：快速从小白老师到名师高手	9787515359878	49.90
美国学生写作技能训练	9787515355979	39.90
《道德经》妙解、导读与分享（诵读版）	9787515351407	49.00
京沪穗江浙名校名师联手教你：如何写好中考作文	9787515356570	49.00
京沪穗江浙名校名师联手授课：如何写好高考作文	9787515356686	49.80
人大附中中考作文取胜之道	9787515345567	39.80
人大附中高考作文取胜之道	9787515320694	49.90
人大附中学生这样学语文：走近经典名著	9787515328959	49.90
四界语文（入选《中国教育报》2017年度"教师喜爱的100本书"）	9787515348483	49.00
让小学一年级孩子爱上阅读的40个方法	9787515307589	39.90
让学生爱上数学的48个游戏	9787515326207	26.00
轻松100课教会孩子阅读英文	9787515338781	88.00
情商教育/心理咨询		
9节课，教你读懂孩子：妙解亲子教育、青春期教育、隔代教育难题	9787515351056	39.80
学生版盖洛普优势识别器（独一无二的优势测量工具）	9787515350387	169.00
与孩子好好说话（获"美国国家育儿出版物（NAPPA）金奖"）	9787515350370	39.90
中小学心理教师的10项修炼	9787515309347	36.00
别和青春期的孩子较劲（增订版）（入选《中国教育报》"2009年影响教师的100本书"）	9787515343075	39.90
100条让孩子胜出的社交规则	9787515327648	28.00
守护孩子安全一定要知道的17个方法	9787515326405	32.00
幼儿园/学前教育		
中挪学前教育合作式学习：经验·对话·反思	9787515364858	79.00
幼小衔接听读能力课	9787515364643	33.00
用蒙台梭利教育法开启0~6岁男孩潜能	9787515361222	45.00
德国幼儿的自我表达课：不是孩子爱闹情绪，是她/他想说却不会说！	9787515359458	59.00
德国幼儿教育成功的秘密： 近距离体验德国学前教育理念与幼儿园日常活动安排	9787515359465	49.80
美国儿童自然拼读启蒙课：至关重要的早期阅读训练系统	9787515351933	49.80
幼儿园30个大主题活动精选：让工作更轻松的整合技巧	9787515339627	39.80
美国幼儿教育活动大百科：3-6岁儿童学习与发展指南用书 科学／艺术／健康与语言／社会	9787515324265等	600.00
蒙台梭利早期教育法：3-6岁儿童发展指南（理论版）	9787515322544	29.80
蒙台梭利儿童教育手册：3-6岁儿童发展指南（实践版）	9787515307664	33.00
自由地学习：华德福的幼儿园教育	9787515328300	49.90
赞美你：奥巴马给女儿的信	9787515303222	19.90
史上最接地气的幼儿书单	9787515329185	39.80
教育主张/教育视野		
重新定义学习：如何设计未来学校与引领未来学习	9787515367484	49.90
教育新思维：帮助孩子达成目标的实战教学法	9787515365848	49.00
学习是如何发生的：教育心理学中的开创性研究及其实践意义	9787515366531	59.90
父母不应该错过的犹太人育儿法	9787515365688	59.00
如何在线教学：教师在智能教育新形态下的生存与发展	9787515365855	49.00
正向养育：黑幼龙的慢养哲学	9787515365671	39.90

书名	书号	定价
颠覆教育的人：蒙台梭利传	9787515365572	59.90
如何科学地帮助孩子学习：每个父母都应知道的77项教育知识	9787515368092	59.00
学习的科学：每位教师都应知道的99项教育研究成果（升级版）	9787515368078	59.90
学习的科学：每位教师都应知道的77项教育研究成果	9787515364094	59.00
真实性学习：如何设计体验式、情境式、主动式的学习课堂	9787515363769	49.00
哈佛前1%的秘密（俞敏洪、成甲、姚梅林、张梅玲推荐）	9787515363349	59.90
基于七个习惯的自我领导力教育设计：让学校育人更有道，让学生自育更有根	9787515362809	69.00
终身学习：让学生在未来拥有不可替代的决胜力	9787515360560	49.90
颠覆性思维：为什么我们的阅读方式很重要	9787515360393	39.90
如何教学生阅读与思考：每位教师都需要的阅读训练手册	9787515359472	39.00
"互联网+"时代，如何做一名成长型教师	9787515340302	29.90
教出阅读力	9787515352800	39.90
为学生赋能：当学生自己掌控学习时，会发生什么	9787515352848	33.00
如何用设计思维创意教学：风靡全球的创造力培养方法	9787515352367	39.80
如何发现孩子：实践蒙台梭利解放天性的趣味游戏	9787515325750	32.00
如何学习：用更短的时间达到更佳效果和更好成绩	9787515349084	49.00
教师和家长共同培养卓越学生的10个策略	9787515331355	27.00
★ 如何阅读：一个已被证实的低投入高回报的学习方法	9787515346847	39.00
★ 芬兰教育全球第一的秘密（钻石版）（《中国教育报》等主流媒体专题推荐）	9787515359922	59.00
世界最好的教育给父母和教师的45堂必修课（《芬兰教育全球第一的秘密》2）	9787515342696	28.00
★ 杰出青少年的7个习惯（精英版）	9787515342672	39.00
杰出青少年的7个习惯（成长版）	9787515335155	29.00
★ 杰出青少年的6个决定（领袖版）（全国优秀出版物奖）	9787515342658	49.90
★ 7个习惯教出优秀学生（第2版）（全球畅销书《高效能人士的七个习惯》教师版）	9787515342573	39.90
学习的科学：如何学习得更好更快（入选中国教育网2016年度"影响教师的100本书"）	9787515341767	39.80
杰出青少年构建内心世界的5个坐标（中国青少年成长公开课）	9787515314952	59.00
★ 跳出教育的盒子（第2版）（美国中小学教学经典畅销书）	9787515344676	35.00
夏烈教授给高中生的19场讲座	9787515318813	29.90
★ 学习之道：美国公认经典学习书	9787515342641	39.00
★ 翻转学习：如何更好地实践翻转课堂与慕课教学（中国教育新闻网2015年度"影响教师的100本书"）	9787515334837	32.00
★ 翻转课堂与慕课教学：一场正在到来的教育变革	9787515328232	26.00
翻转课堂与混合式教学：互联网+时代，教育变革的最佳解决方案	9787515349022	29.80
翻转课堂与深度学习：人工智能时代，以学生为中心的智慧教学	9787515351582	29.80
★ 奇迹学校：震撼美国教育界的教学传奇（中国教育新闻网2015年度"影响教师的100本书"）	9787515327044	36.00
★ 学校是一段旅程：华德福教师1-8年级教学手记	9787515327945	49.00
★ 高效能人士的七个习惯（30周年纪念版）（全球畅销书）	9787515360430	79.00

您可以通过如下途径购买：
1. 书　　店：各地新华书店、教育书店。
2. 网上书店：当当网（www.dangdang.com）、天猫（zqwts.tmall.com）、京东网（www.jd.com）。
3. 团　　购：各地教育部门、学校、教师培训机构、图书馆团购，可享受特别优惠。
　　购书热线：010-65511272 / 65516873